석학人文강좌
06

물질, 생명, 인간

석학人文강좌 **06**

물질, 생명, 인간 –그 통합적 이해의 가능성

2009년 11월 2일   초판 1쇄 발행
2024년 7월 1일   초판 4쇄 발행

지은이   장회익
펴낸이   한철희
펴낸곳   주식회사 돌베개
책임편집   최양순 · 이경아
편집   조성웅 · 김희진 · 김형렬 · 오경철 · 신귀영
디자인   이은정 · 박정영
디자인기획   민진기디자인

등록   1979년 8월 25일 제406-2003-000018호
주소   (10881) 경기도 파주시 회동길 77-20 (문발동)
전화   (031) 955-5020
팩스   (031) 955-5050
홈페이지   www.dolbegae.co.kr
전자우편   book@dolbegae.co.kr

ISBN 978-89-7199-361-3 94340
ISBN 978-89-7199-331-6 (세트)

이 도서의 국립중앙도서관 출판시도서목록(CIP)은
e-CIP 홈페이지(http://www.nl.go.kr/ecip)에서
이용하실 수 있습니다. (CIP제어번호: CIP2009003178)

이 저서는 '한국학술진흥재단 석학과 함께하는 인문강좌'의 지원을 받아 출판된 책입니다.

석학
人文
강좌
06

물질, 생명, 인간

그 통합적 이해의 가능성

장회익 지음

돌베
개

책머리에

내게는 꿈이 하나 있었다. 내가 알아야 할 모든 것을 한 권의 책 안에 담아 보는 꿈이었다. 그러다가 점차 이것은 꿈이 아니라 욕심일 거라고 생각하게 되었다. 알아야 할 모든 것을 놓치지 않고 모두 알겠다고 하는 욕심, 그것을 오직 책 한 권 속에 다 집어넣고 싶다는 욕심, 그리하여 오직 책 한 권만을 품에 품음으로써 우주를 다 내 것으로 만들겠다는 욕심 —바로 이러한 것일 거라고 하는 생각이었다. 그래서 그것은 포기해야 된다고 생각했다. 그래서 그 꿈은 점점 사라져 가는 듯했다.

그러다가 뜻하지 않은 계기로 이 욕심을 다시 꺼내 들었다. "물질, 생명, 인간—그 통합적 이해의 가능성"이라는 당돌한 제목을 내걸고 인문강좌에 임하게 된 것이 그것이다. 이것은 성취하기 어려운 과제이고 이를 제시하는 것 자체가 하나의 만용임을 나 자신 모를 리가 없었지만, 내 안에 숨어 있던 이 오래된 염원이 나도 모르게 불쑥 튀어나와 일을 저지르고 만 것이다.

강좌를 위한 전반적인 개요를 짜고 그 안에 담을 내용들을 구상해 나가면서, 이것은 결국 그간 내가 살아오면서 거쳐 온 내 학문적 궤적을 더듬는 작업임을 알게 되었다. 그간 여기저기 써서 던져둔 단편적인 글들과 미처 정리되지 않은 사유의 단편들을 긁어모으고, 그 사이사이의 빈틈에 몇몇 연결 고리를 만들어 하나의 이야기 형태로 엮어 나가자, 그 안에서 어렴풋이 그간 나 자신이 밟아 온 지적 여정이 그려졌다. 그러니까 이 작업은 적어도 개인적인 면에서 "내가 알고 싶었던 모든 것 — 그리고 그 잠정적인 해답"이라는 제호를 다는 것이 더욱 적절할 수도 있으리라 생각된다.

그리고 보니 내가 처음 칸트에 관심을 기울인 것이 꼭 40년 전 일이다. 그때 나는 물리학을 좀 더 깊이 이해하자는 의도에서 칸트의 철학을 학습했는데, 나는 지금 다시 같은 이유에서 칸트의 『순수이성비판』에 대한 논의로 이 책을 출발하고 있다. 그리고 젊은 시절, 나는 물리학의 기본 이론들에 대한 학습을 어느 정도 마친 후, 생명에 대한 '이해'에 몰두했다. 그렇게 10여 년간을 고뇌한 끝에 도달한 것이 '온생명'이라는 개념이다. 즉 생명이란 낱생명을 통해서가 아니라 온생명을 통해서, 그리고 온생명과 낱생명의 관계를 통해서 비로소 이해될 수 있는 것임을 알게 된 것이다. 이러한 이해는 다시 "주체란 무엇인가?" 하는 새로운 화두로 나를 이끌고 갔다. 그리고 이 안에 담긴 '삶의 모습'과 '앎의 모습'이 새로운 관심사로 내게 다가왔다. 이 전체의 과정이 바로 지금 내놓는 이 책의 서술 내용이 되었고, 이 주제는 다시 칸트의 업적을 재검토하는 것으로 끝을 맺게 되었다. 말하자면 40년에 걸친 내 학문적 여정 전체가 짧은 한 권의 책 속에 녹아 들어가 버린 것이다.

그러니까 이것은 내가 오랫동안 꿈꾸던 꿈 이야기이기도 하다. 꿈을 현실로 옮겨 보려는 작은 몸부림이기는 하지만 아직은 현실이라기보다는 꿈에 더 가깝다. 단지 그 꿈을 단순히 꿈이라고 제쳐 놓기보다는 그 꿈에 대해 이야기할 수 있었다는 데서 작은 위안을 삼고자 한다.

독자들은 어쩌면 이 책에 나타난 논의들을 통해 서로 모순되는 듯이 보이는 두 결론에 도달하게 될 것이다. 그 하나는 모든 것을 연결해서 하나로 묶어 내는 것은 여전히 대단히 어려운 과제라는 사실이며, 다른 하나는 그럼에도 불구하고 이러한 시도는 추구해 볼 가치가 있는 일이라는 사실이다. 우리가 한번 이 모든 것을 훑어 나가다가 보면 결국 원점으로 되돌아오는 느낌을 받게 되지만, 그 원점은 처음으로 되돌아온 것이 아니라 한 단계 높은 지점에서 내려다보는 원점이 된다. 말하자면 자기도 모르게 나선형의 진전을 이루게 되며 이것이 다시 새로운 탐색의 출발점을 이룬다고 말할 수 있다. 그러니까 꿈은 여전히 저 멀리 벗어나 있지만 우리는 그래도 한 발짝 더 접근해 있다는 이야기가 된다.

이 책은 물론 독자들을 위해 마련한 것이다. 그렇기에 독자들의 이해를 돕기 위해 노력했고 이해가 어려울 부분은 과감히 삭제했다. 그러나 모든 독자를 만족시킬 것으로 기대하지는 않는다. 다만, 나와 꿈을 공유하는 사람이 있다면, 적어도 자신의 삶을 앎과 연관해서 진지하게 추구해 보려는 사람이 있다면, 그에게는 이것이 작은 도움이 되리라 생각한다. 자신과 꿈을 공유한 사람이 그 꿈 이야기를 어떻게 펼쳐 나가는가를 보는 것 자체가 하나의 즐거움일 수 있기 때문이다.

끝으로, 이 책은 '한국학술진흥재단'이 주관한 제2기(2008. 10. 18~2009. 11. 15) '석학과 함께하는 인문강좌'의 두 번째 시리즈로 2008년 11월 22일부터 12월 20일까지 총 5회(종합토론 포함)에 걸쳐 일반 청중을 대상으로 강의했던 내용을 수정, 보완한 것임을 밝힌다. 이 과정에서 지정

토론자로 좋은 비평과 의견들을 주신 고인석 교수, 한자경 교수, 황수영 교수께 깊은 사의를 표하며, 사회를 맡아 애써 주신 이중원 교수와 원고 정리를 도와주신 김재영 교수께도 고마움을 전한다. 아울러 이러한 기회를 제공해 주신 인문강좌 운영위원회 여러분들과 실무에 임해 주신 여러분들께 감사하며, 이 책의 출판과 관련해서 애써 주신 돌베개출판사 여러분들에게도 고마움의 뜻을 전한다.

2009년 9월

장회익

차례

칸트 철학과 현대 물리학

I

인간의 앎은 어떻게 이루어지는가?

(1) 보아서 안다는 것

앎이 인간의 정신 활동에 가장 필수적인 요소임은 말할 필요가 없다. 그러나 우리는 좀처럼 앎이 어떻게 이루어지는가 하는 점에 대해 관심을 기울이지 않는다. 우리는 그저 눈으로 보아서 알고, 남에게 들어서 알고, 책을 읽어서 안다는 정도로 생각하고, 부지런히 보려 하고, 들으려 하고, 읽으려 한다. 우리는 물론 생각한다. 생각하면서 보고, 생각하면서 듣고, 생각하면서 읽는다. 그런데 여기서 '생각'이라는 행위가 무엇이며 어떤 기능을 하는지에 대해서는 깊이 생각하지 않는다.

이제 우리가 보아서 안다든가, 들어서 혹은 읽어서 안다는 것이 과연 무엇을 의미하는지에 대해 잠깐 생각해 보자. 우리의 일차적 상식은 우리의 머릿속에 백지와 같은 저장 공간이 있어서 여기에 새로 들어오는 모든 정보를 적어 놓는 것으로 생각한다. 그러나 좀 더 최근에 알려진 학습 이론에 따르면 우리 머릿속에는 설혹 불완전하기는 하지만 거의 완성된 것으로 여겨질 만한 그림이 그려져 있으며, 오직 여기에 일정한 수정이 가해질 수 있을 뿐이라고 한다. 우리의 의식 공간 안에는 이미 이 세계에 대한 일정한 그림이 그려져 있고, 이것이 현재 내가 이 세계에 대해 알고 있는 내용이다. 그런데 다시 내 눈을 통해 새로운 정보가 들어오면, 이것은 이 그림 가운데 자기 성격에 해당하는 일정한 자리를 먼저 지정받고 그 그림을 보강 또는 수정하는 형태로 보완해 나가는데, 이것이 바로 앎이 이루어지는 과정이다. 우리가 남의 말을 들어서, 혹은 책을 읽어서, (새로운 것을) 알게 되는 경우도 마찬가지다. 물론 그 그림 가운데는 일부 빈자리가 남아 있는 경우가 있다. 이미 들어온 모든 정보를 가지고 그 그림을 완성해 보려고 해도 여전히 정보가 부족 혹은 불완전해 그림의 부분부분에 빈자리가 있는 경우다. 그런 경우 우리는 '호기심'을 가지고 그 자리를 채우고 싶어 한다. 그러다가 거기에 해당하는 새 '정보'가 들어오면 '신나게' 그 자리를 메우면서 좀 더 완전한 그림을 그려 나간다.

그런데 때로는 내가 아무리 보아도 무엇인지 잘 모르겠고, 듣거나 읽어도 도무지 무엇을 말하는지 이해가 안 되는 경우들이 있다. 이런 일들은 새로 들어오는 정보가 내가 가진 그림 속에서 마땅한 자기 자리를 찾지 못해 방황하는 경우에 해당한다. 이러한 때는 대부분 그 정보를 폐기시키고 잊어버리지만, 그렇게 하기에는 사태가 좀 심각하게 느껴질 경우 이를 별도의 위치에 임시 간직하면서 두고두고 어떤 연결점을 찾으려고 애쓰게 된다. 이러한 경우 우리는 '의문'을 지닌다는 말을 한다. 이러한 의문들은 물론 더 많은 정보가 들어와 결여된 연결 고리를 이어 주는 것으로 해결되기도 하지만, 스스로의 노력에 의해 그림을 재배치해 봄으로써 풀어낼 수도 있다. 우리의 두뇌는 결코 정지해 있는 것이 아니라 지속적으로 활동하고 있다. 따라서 우리는 의식적으로 혹은 무의식적으로 기왕에 자기 속에 있는 그림을 적절히 재조정해 가면서 그 그림의 상황을 검토하게 된다. 그러다가 기왕의 '의문'을 풀어내기도 하고 새로운 여백을 만들거나 새로운 의문을 떠올리기도 한다. 이러할 경우 이 여백을 채우거나 새 의문을 풀고 싶은 마음이 외적으로 발동할 수도 있는데, 이를 일러 '호기심'이라든가 '탐구심'이라 부르기도 한다.

(2) 그림의 내용과 그림의 바탕

여기서 우리가 머릿속에 그리고 있는 '그림'에 대해 잠깐 더 생각해 보자. 모든 그림이 일정한 바탕 위에 그려지듯이 이것 또한 일정한 바탕이 있고, 그 바탕의 각 위치에 각각의 내용이 담기게 되어 있다. 그런데 문제는 이 바탕이 얼마나 크고 튼튼하냐 하는 점이다. 우리는 물론 상대적으로 좀 더 넓은 파노라마를 볼 수도 있고 또 어떤 세부 사항을 상세히 들여다볼 수도 있지만, 설혹 우리가 가장 넓은 '그림'을 그려 보려 해도 내가 이미 지니고 있는 기존의 바탕이 충분히 넓지 못하다면 결국 이 한계를 벗어나지 못하고 말 것이다. 우리는 내 안에 무제한으로 넓은 백지에 해당하는 바탕이 있어서 여기에 모든 것을 담아낼 것으로 생각하기 쉽다. 하지만 이것은 단지 우리의 주관적인 느낌일 뿐이다. 사실은 내 안에 담긴 내용만이 아니라 이것을 담아낼 바탕 그 자체도 유한하며, 나름의 불완전성을 지니고 있다.

이 점을 살피기 위해 사람의 두뇌가 만들어지는 과정을 한번 생각해 보자. 우리는 출생할 때 이미 완벽한 두뇌를 가지고 나오는 것이 아니다. 신경세포들은 출생 전에 이미 모두 다 형성되어 출생 후에는 더 이상 만들어지지 않는다고 한다. 그렇지만 이들 사이의 연결망은 이후 대략 20년이라는 긴 기간에 걸쳐 서서히 이루어진다. 그런데 두뇌의 기능은 신경세포들 사이의 이러한 연결망을 통해 작동하는 것이지 각각의 신경세포 안에서 만들어지는 것이 아니다. 따라서 출생 당시의 두뇌는 아직 정상적인 기능에 이르렀다고 말할 수 없다. 이후 신경세포들 사이의 연결망이 빠른 속도로 형성되면서 작은 규모의 잠정적인 바탕 틀이 마련되고, 여기에 다시 외부로부터의 자극이 주어지면서 이 둘이 서로 긴밀히 연계되어 초보적인 지적 활동이 나타날 것으로 짐작된다. 초기에는 물론 구성된 연결망 용량의 생리적인 한계로 인해 극히 제한된 범위의 바탕 틀이 만들어지고, 성장 과정과 외적 자극 사이의 상호작용에 의해 그 바탕 틀 또한 지속적으로 확대되고 개편되면서 그 기능이 점차 활성화될 것이다. 이렇게 해서 성인에 이르면 성장 자체에 의한 변화는 대부분 사라지겠지만, 외적 자극과 내적 활동에 의한 변화 가능성은 여전히 유지하는 가운데 자체의 불완전성을 지속적으로 보완해 나가게 된다.

여기서 특히 우리의 관심사가 되는 것은 이러한 앎의 바탕 틀이 어떻게 만들어지는가 하는 점이다. 새로운 정보가 기존의 틀 안에서 제 위치를 잘 찾아내어 기존 앎의 일부를 대치 혹은 보완하는 경우는 비교적 잘 납득이 되지만, 기존의 틀 자체가 협소하거나 적절하지 못해 이를 수정해야 할 경우, 이러한 수정이 이루어지는 과정은 우리가 직접적인 의식을 통해 가늠해 보기가 훨씬 더 어렵다. 그렇기는 하나 우리는 여기에 대해 대략 다음과 같은 추측을 해볼 수 있다. 외부의 정보들이 들어와 적절한 자리를 잡지 못하고 방황하거나 폐기되는 일이 자주 일어나면, 우리의 두뇌는 스스로도 의식하지 못하는 가운데 이를 수용할 대안적 인식 틀을 수시로 착상해 임시로 작동시켜 보게 된다. 그러다가 어느 대안적 인식 틀 하나를 바탕에 놓자 기왕의 관점에 비해 월등하게 많은 정보들이 훨씬 더 조리 있게 정리되어 선명한 그림이 나타날 수 있겠고, 이렇게 되면 두뇌는 곧 기왕의 바탕을 버리고 새 바탕으로 그 인식의 틀을 바꾸게 된다. 이렇게 할 때, 과거에는 잘 납득되지 않았던 많은 것들이 분명하게 서로 연결되면서 그의 눈앞에 좀 더 넓고 분명한 이해의 지평이 펼쳐진다.

물론 이러한 모든 과정이 의식적으로 이루어지는 것은 아니다. 우리는 대부분 우리의 인식 틀 안에 담긴 구체적인 내용들을 의식하지만 그 인식 틀 자체를 의식하는 경우는 거의 없으며, 당연히 이것이 이루어지는 과정 자체에 대해서도 이를 스스로 의식해 내는 일은 거의 없다. 단지 이러한 새 인식의 틀을 통해 파악되는 내용만을 의식의 차원으로 떠올리게 된다. 그러다가 이 인식의 틀이 크게 달라져 새로 파악되는 내용이 전혀 새로운 모습으로 느껴지는 경우가 종종 생기며, 이러할 때 우리는 흔히 그 어떤 '깨달음'에 이르렀다는 말을 하기도 한다. 하지만 이때도 우리는 도대체 어떤 사유로 인해 이 깨달음에 도달했는가를 본인 스스로 해명하는 일은 거의 없다.

앎의 한 모형으로의 물리학

(1) 과학과 앎의 틀

흥미롭게도 이러한 과정은 비단 개인의 인식 차원에서만 일어나는 것이 아니라 인류 지성사의 발전 과정에서도 일어난다. 그 대표적인 사례가 고전 물리학으로부터 현대 물리학에 이르는 긴 역정이 보여주는 앎의 형성 과정이다.

우리의 앎이 지닌 기본 구조에 대해 다시 한번 생각해 보자. 흔히 앎이라고 하면 이것이 지시하는 '내용'만을 떠올리기 쉬우나, 이미 언급한 바와 같이 앎이라고 하는 것은 그 '내용'과 함께 이것을 담는 '틀'을 지니고 있다. 이 틀은 말하자면 '내용'을 담는 그릇에 해당하는 것이며, 이 틀 안에 담기는 내용은 틀 자체와 구분해 '정보'라 불리기도 한다. 그러므로 일단 그 틀이 고정된 앎의 경우, 그 안에 담긴 내용 곧 정보가 많을수록 앎의 양이 많다고 한다. 그러나 우리가 추구할 보다 나은 형태의 앎은 그 내용뿐 아니라 틀 자체의 우월성에서 온다. 즉 정보뿐 아니라 정보를 담을 그릇 자체의 개선이 요청되는 것이다. 이러한 점에서 일상적 앎이라고 하는 것을 일상적으로 공유된 틀을 바탕으로 정보의 출입에 주된 관심을 가지는 지식이라고 한다면, 과학적 앎이라는 것은 체계적으로 향상시킨 틀과 그 안에 담기는 정보를 총칭하는 것이라 할 수 있다.

앞에서 이미 언급한 바와 같이 일상적 앎의 바탕을 이루는 이러한 틀은 우리가 거의 의식하지 못하는 가운데 형성되는 것이며, 자신의 사고가 이러한 틀을 통해 이루어진다는 사실조차 우리는 거의 의식하지 않게 된다. 이것은 어느 면에서 무척 다행스런 일이다. 우리가 만일 이런 높은 수준의 지적 작업을 의식적인 노력을 통해 이루어 내야 한다면, 여기에는 엄청난 고통이 따를지도 모른다. 이것이 무의식 속에서 이루어지기에 우리는 스스로 이러한 작업을 하는지도 알지 못하고 있으며, 따라서 별다른 어려움이나 고통도 느끼지 않는다.

반면에 이러한 상황은 또 우리의 지적 활동에 제약이 되기도 한다. 이것이 무의식 가운데 기능하기 때문에 우리는 이것의 지배에서 벗어나기가 매우 어려워지는 것이다. 우리의 사고가 어떠한 틀을 바탕으로 이루어지는지를 알지 못하기에 우리는 이것에 대해 의식적인 검토를 수행할 수 없고, 따라서 이것이 부적절할 경우에도 이를 적절히 수정하기가 어려워진다. 물론 앞에서 말했듯이 우리의 경험 영역이 넓어지면서 기왕의 틀로는 이것을 수용할 수 없을 때, 우리는 본능적으로 새 틀을 만들어 새로운 시각으로 사물을 인식하기도 한다. 그러나 무의식 차원에서 얻어지는 이러한 깨달음이 어느 수준 이상 올라가는 것은 매우 희귀한 일이며, 또 그렇게 해서 깨달음을 얻었다 하더라도 이를 남에게 전해 주는 것은 더더욱 어려운 일이다.

사실 과학이 발견한 매우 중요한 사실은 이러한 앎의 틀을 무의식 속에서가 아니라 의식적인 노력에 의해 구축할 수 있다는 점이며, 또 이를 효과적으로 전달할 수 있다는 점이다. 이미 말했듯이 과학이라는 것은 앎의 내용뿐 아니라 앎의 이러한 틀을 체계적으로 향상시키는 노력이라 할 수 있다. 그러나 이러한 작업은 기존의 틀 안에서 단지 새로운 정보 몇 개를 받아들이는 것같이 그렇게 간단한 일이 아니다. 이 일을 우리 두뇌의 자연스런 활동에 의해서가 아니라 인위적인 노력을 통해 이루려 할 때, 우리의 지적 활동은 이를 향한 일종의 강제에 시달리고, 이는 불가피하게 상당한 고통을 수반하게 된다. 이러한 고통은 과학, 특히 물리학의 학습 과정에서 잘 나타난다. 요구되는 새 앎의 틀이 무의식 속에 형성된 기존의 틀과 상충하는 경우, 자신의 사고는 여전히 기존의 틀을 바탕으로 이루어짐에도 불구하고 학습은 새 틀을 통해 사고하기를 강요하기 때문이다.

그러므로 이러한 지적 작업을 수행함에 있어 가장 유의해야 할 점은 요구되는 새 틀과 이에 해당하는 기존의 틀을 다 함께 의식의 차원으로 떠올려 그 하나를 분명히 폐기하고 다른 하나를 그 자리에 올려놓아야 한다는 것이다. 기존의 틀이 무의식 차원에 그대로 남아 있으면 결국 이것의 지배에서 벗어날 수 없으며, 이러한 지배는 지속적인 갈등의 원인이 된다. 우리 모두는 말하자면 체계적인 학습을 하기 전에 이미 스스로 만들어 활용하고 있는 자기 고유의 '이론'을 가지고 있는 셈이어서, 이 이론을 이끌어 내어 수정해 주지 않는 한 우리는 이것의 지배를 벗어나기가 매우 어려운 것이다. 이러한 현상은 과학자 사회에서도 흔히 나타난다. 한편에 기존의 틀에 묶여 있는 주류 과학자 집단이 있고, 다른 편에 새로운 틀을 지니게 된 비주류 과학자 집단이 있을 때, 이들 사이의 정상적인 소통이 불가능해 이른바 '패러다임의 대립'을 가져온다는 것이 토머스 쿤Thomas Kuhn의 유명한 『과학혁명의 구조』(Kuhn 1970)가 말해 주는 주된 논지다.

(2) 고전역학과 현대 물리학

이제 구체적으로 과학에서 활용되는 앎의 틀이 무엇인지를 그 전형적 형태인 고전역학을 통해서 살펴보고, 아울러 이것이 상대성이론과 양자역학을 통해 어떻게 수정되고 있는지를 생각해 보자.

우선 고전역학에서는 우리가 일상적으로 지니고 있는 공간과 시간 개념을 좀 더 다듬어 공간을 3차원 변수로 나타내고 시간을 이와 독립된 1차원 변수로 보아 이들의 관계를 통해 운동을 서술한다. 또 고전역학에서는 '힘'(상호작용) 개념을 설정하고(이것은 일상적인 '힘' 개념과 일부 중첩되지만 이와는 분명히 다른 새로운 개념이다. 이 두 '힘'의 개념을 혼동하는 것이 고전역학 학습의 큰 장애 요소다), 이러한 힘을 받는 대상의 동역학적 '상태'(위치

및 속도)가 어떻게 변할 것인가를 말해 줄 상태변화의 법칙(뉴턴의 제2법칙)을 도입한다. 이제 그 개요를 도식으로 표시하면 다음과 같다.

대상의 초기 상태　　= = = =〉　　대상의 말기 상태

↑

상태변화의 법칙

즉 고전역학에서는 이러한 앎의 틀을 마련함으로써 임의의 대상이 받을 '힘'을 찾아내고, 이를 상태변화의 법칙에 적용해 현재의 상태가 앞으로 어떻게 변해 갈 것인가를 말해 줄 체계를 형성하는 것이다. 예를 들어 이것을 허공에 놓인 물체에 적용할 경우 갈릴레오의 낙하법칙이 도출될 뿐 아니라 달이 지구를 도는 이치, 그리고 행성들이 태양 주위를 도는 이치 등을 모두 말해 줄 수 있다.

만일 이러한 고전역학이 자연계의 임의 대상에 대해 예외 없이 적용되는 것이라 한다면, 마치 18세기에 라플라스Laplace가 언급했던 바와 같이, "우주 안에 하나의 초능력적인 지성이 있어서 이것이 우주를 구성하는 모든 물체간의 상호작용을 알고 이들의 현재 상태를 관측할 수 있으면, 우주의 미래 상태는 일의적으로 산출해 낼 수 있다"는 주장이 가능하다. 그러나 20세기에 들어서면서 원자 규모의 대상에 대해서, 그리고 빛의 속도에 접근하는 빠른 물체에 대해서는 이것이 적용되지 않는다는 사실이 알려졌다. 이들에 대해서는 월등히 더 정교

한 새로운 '앎의 틀'을 지닌 이론들, 곧 양자역학과 상대성이론이 적용된다.

상대성이론과 양자역학을 한마디로 요약하자면, 상대성이론은 기존 과학이 채용했던 '앎의 틀' 가운데 시간과 공간 개념에 대한 심오한 수정을 통해 이루어 낸 것이라 할 수 있고, 양자역학은 동역학적 '상태' 개념과 상태변화의 법칙 그리고 이를 현상과 연관시키는 방식에서 획기적인 수정이 가해진 이론이라 할 수 있다.

특수상대성이론은 한마디로 시간이 공간과 합해 4차원 구조를 이룬다는 주장에 해당한다. 공간을 3차원 구조로 보고 시간은 따로 1차원의 구조를 지닌 것이라 보던 기존의 관념을 바꾸어, 시간변수 또한 공간좌표의 값들과 마찬가지로 4차원의 한 성분을 이룬다는 생각이다. 마치 막대의 그림자(공간좌표의 한 성분)가 빛을 쬐는 방향에 따라 달라지듯이, 시간의 간격도 관측자의 속도에 따라 달라진다는 것이다. 이는 일견 우리의 본연적 직관에 어긋나는 듯하지만 실은 일상적 경험을 통해 우리가 무의식적으로 마련한 기존 앎의 틀과 어긋남을 의미할 뿐이다.

이보다 한 걸음 더 나가는 일반상대성이론에서는 이러한 시간 공간이 주변에 놓인 물질의 질량 분포에 따라 휘어지며, 중력에 의해 발생하는 것으로 생각해 온 모든 현상은 실은 이러한 휨의 효과로 나타난 현상이라고 본다. 이것 또한 고전역학에 바탕을 둔 기존 관념과 크게 다른 것으로, 이를 받아들일 경우 천체들의 운동에 대한 이해는 고전역학을 다시 뛰어넘는 새로운 면모를 지니게 된다.

한편 양자역학은 고전역학에서 말하는 '상태' 개념, 곧 '위치와 속도'라는 의미의 '상태' 개념을 파기하고 새로운 '양자역학적 상태' 개념을 도입해, 이러한 '상태' 변화에 대한 합법칙적 서술을 수행한 후, 이 '상태'에 대한 '해석'을 통해 그 서술을 현상세계와 연결시키는 구조를 지닌다. 이때의 양자역학적 '상태'는 그 초기 값을 관측으로부터 추정할 수 있으며, 동역학적 추론 이후 얻어진 말기 값으로부터 대상에 대한 정보, 곧 그 위치·속도 등을 확률적으로 추정해 낼 수 있는 성격을 가진다. 이러한 성격을 앞서 설명한 고전역학의 경우와 비교하면 다음 도식과 같다.

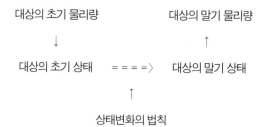

이러한 양자역학은 하나의 보편 이론이므로 기존에 고전역학으로 설명되던 현상들을 포함해 물질로 구성된 모든 대상에 적용된다. 그러나 우리의 육안으로 볼 수 있는 거시적인 대상 물체에 대한 설명은 고전역학이 말해 주는 결과와 같아짐을 알 수 있다. 반면 육안으로 볼 수 없는 원자 규모의 대상에 대해서는 고전역학과는 확연히 다른 (고전역학으로는 설명할 수 없는) 설명을 제공하며, 양자역학의 진면목은 바로 여기서 나타난다. 예를 들어 "다이아몬드가 왜 투명하냐?" 하는 문제는 고전역학으로는 대답할 수 없으나, 양자역학은 다이아몬드의 구성 원자들에 이 이론을 적용함으로써 명쾌하게 설명할 수 있다.

그러나 고전역학, 양자역학과 같은 이른바 '동역학'만으로는 물질에 관련된 모든 현상을 '설명'하기에 어려움이 있다. 대상이 실제 어느 '상태'에 놓여 있는가를 확인하기 어렵기 때문이다. 그래서 외견상으로는 잘 구분되지 않는 여러 동역학적 '상태'들을 한 묶음으로 묶어 이러한 묶음 하나하나를 '거시 상태'로 규정하고, 이 '거시 상태'들이 어떻게 변해 나갈 것인가를 확률적으로 추정하는 방법을 활용할 수 있다. 이때 한 거시 상태에 대응하는 동역학적 '상태'의 수가 그 거시 상태에 놓일 확률을 말해 주는데, 이것을 대표하는 개념을 엔트로피라 하며 이러한 방식으로 대상의 거시 상태가 변해 가는 방식을 말해 주는 이론을 통계역학이라 한다. 이것 또한 19세기 말에서 20세기를 거쳐 오는 동안 인류가 마련한 대단히 유용한 새로운 '앎의 틀'이다.

물리학이라고 하는 것은 한마디로 이러한 '앎의 틀'을 바탕으로 물질세계의 모든 현상을 파악하고 설명해 나가는 '앎의 체계'라 할 수 있다. 자연계에는 우리가 이미 경험적으로 친숙한 많은 현상들이 있으며, 우리가 미처 찾아내지 못한 많은 현상들이 있다. 이러한 현상들을 물리학에서는 이 앎의 틀을 바탕으로 설명해 내고 또 탐색해 나간다. 가장 작은 구성 요소인 기본 입자에서 원자, 분자, 각종 물질들의 구성과 변화, 그리고 이를 바탕으로 형성되는 생명체, 또 지구와 태양을 비롯한 우주 내의 수많은 천체들에 이르기까지 이 모든 것에 대한 정보를 수집하고 이해를 넓혀 나가는 데 활용되는 것이다. 우리는 물론 이를 위해 대상에 따른 적절한 도구와 함께 중간 단위의 이론들을 만들어 나가지만, 궁극적으로는 이들 모두를 하나의 통일된 이론 속에서 파악해 나가는 것을 목표로 삼는다.

(3) 과학의 근거에 관한 문제

여기서 우리는 한 가지 중요한 의문을 떠올릴 수 있다. 그것은 이러한 물리학적 설명을 과연 신뢰할 수 있는가, 그리고 신뢰할 수 있다면 어떠한 근거에서 그러한가 하는 점이다. 이것은 사실 물리학의 출발과 함께 나타난 질문이기도 하고, 따라서 그간 여기에 대한 많은 논의들이 있어 온 것 또한 사실이다. 그러나 그 논의들을 크게 두 부류로 나누어 본다면, 그 하나는 우리의 경험을 중시하는 경험론의 경향을 지닌 것들이고, 다른 하나는 우리의 이성을 중시하는 합리론의 경향을 지닌 것들이다. 경험론의 입장에서는 이것들이 우리의 경험을 통해 얻어진 것이므로 그 정당성 또한 경험의 범위 그리고 한계 안에서만 인정할 수 있는 것으로 본다. 이에 반해 합리론에서는 한편으로 경험의 중요성을 인정하면서도 이것만으로는 설명할 수 없는 더 깊은, 그리고 더 중요한 이유가 있다는 입장을 취한다.

그런데 오늘의 시각에서 보자면 이 두 관점은 서로 대립되는 것이라고만 간주할 필요가 없다. 예를 들어 우리가 일단 합리론의 입장에서 본다 하더라도 이것이 결코 경험의 중요성을 부정하는 것이 아닌 만큼, 이미 이 안에 경험론의 요소는 상당 부분 담아낼 수 있는 것이며, 단지 경험만으로는 더 이상 설명할 수 없는 그 무엇이 있는지, 그리고 있다면 그것이 무엇인지를 찾아내기만 하면 될 것이다. 이렇게 해서 그 무엇도 찾아내지 못한다면 경험론의 입장으로 환원되는 것이며, 그 무엇을 찾아낸다면 결과적으로 합리론의 입장을 확보하는 것이 될 것이다. 결국 우리가 어떠한 입장을 취하든 간에 오늘의 과학은 그 자체로서의 정당성을 인정받는 것이 사실이지만, 이러한 과학 자체의 논리를 넘어서 이를 정당화할 만한 더 깊은 이유가 있는지, 그리고 있다면 그것이 무엇인지를 한번 진지하게 살펴보는 것은 매우 뜻있는 일일 것이다. 그렇기는 하나 우리가 지금 이를 위해 독자적인 탐구에 나서기보다는 여기에 대해 이미 진지한 고찰을 했고, 또 지난 몇 세기에 걸쳐 그 고찰의 결과가 깊이 논의되어 온 선인들의 연구 결과가 있다면 이를 중심으로 살펴 나가는 것이 훨씬 더 효과적인 방법일 것이다.

칸트 철학과 감성·지성의 구분

(1) 메타이론으로의 칸트 철학

이러한 점에서 우리는 칸트의 『순수이성비판』에 한번 눈을 돌려 볼 필요가 있다. 오늘날 칸트의 철학을 과학에 대한 메타이론으로, 곧 과학의 근거를 제공해 주는 이론으로 보는 사람은 많지 않은 것 같다. 오히려 칸트는 영국 경험론에 대비되는 독일 관념론의 시조로 여겨지며, 오늘의 과학철학 또한 그 바탕을 칸트에 두기보다는 그 대척점에 서 있는 경험론에 둔다고 보는 것이 일반적인 견해다. 사실 20세기 전반까지 과학철학의 주류를 이루던 논리경험주의는 전통적인 경험주의 혹은 실증주의 위에 단지 강한 논리적 색채를 입힌 것일 뿐이다. 실제로 칸트 이후의 자연과학, 특히 물리학은 칸트 철학과 무관하게, 그리고 어느 면에서는 칸트에 정면으로 배치되는 듯한 형태로 발전해왔다. 대부분의 현장 과학자들은 칸트 철학에 일말의 관심조차 표명하지 않았고, 일부 과학사상가들은 칸트 철학이야말로 과학적 사고를 방해하는 형이상학적인 굴레의 대표적 사례나 되는 듯이 생각했다.

그러나 칸트 철학의 근간이며 그의 대표작이라 할 수 있는『순수이성비판』은 분명히 당시 새로 대두한 뉴턴의 고전역학을 염두에 두고 이것이 어떤 합리적인 바탕 위에 서 있는 것인가를 보기 위해 마련된 것이었다. 철학자 앨런 우드Allan Wood에 따르면, "경험과학의 바탕을 마련하려는 칸트의 접근은 경험과학 그 자체가 형이상학적 기반을 요구한다고 하는 강한 신념에서 출발한다. 이 신념은 아무리 경험과학이라 하더라도 이들은 경험적 기원에서는 얻을 수 없는, 그리고 경험을 통해서는 결코 합리화될 수 없는 개념과 원리를 채용해야 한다는 사실에 근거하고 있다"(Wood 2005, 25쪽). 칸트 자신은 이 물음을 "선험적 종합 인식은 어떻게 가능한가?"라는 형태로 제기하면서, 그의 이른바 '초월적 감성학'과 '초월적 논리학'을 통해 차례로 풀어 나갔다. 이 논의에서 그는 '외부'와의 관계라고 하는 인간 인식의 구조적 성격에 대한 고찰에서 '감성'과 '지성'을 엄격히 구분한 뒤, 외부로부터의 '정보'와 이를 받아들일 '사고의 틀'이라는 의미에서 '경험적인 것'과 '순수한 것'을 나누어 '감성'과 '지성' 안에서 이 '순수한 것'이 각각 어떻게 작용하는지를 밝히려 했다. 칸트의 이러한 논의는 경험과학, 특히 물리학의 바탕을 살피려는 것에서 출발했지만 그 논의 자체는 충분히 일반적인 것이어서 인간의 앎 전반에 걸친 것이라 말할 수 있다.

그렇다면 칸트의 이러한 논의는 실제로 어느 정도 성공했는가? 이를 살피기 위한 한 가지 기준은 칸트 이후에 발전한 인간의 지식, 특히 오늘의 과학지식이 과연 이 칸트의 인식론에 부합하는 형태를 지니고 있는가 하는 점일 것이다. 이러한 점에서 현대 과학의 한 전형이라 할 수 있는 현대 물리학을 구체적인 사례로 놓고, 한편에서는 이를 통해 칸트 철학의 적절성을 살피고, 다른 한편에서는 (칸트 철학이 아직도 유효하다는 전제 아래) 이것이 제공하는 혜안을 빌리는 것이 두루 유익한 일일 것이다. 실제로 칸트의 철학 안에는 오늘의 과학을 이해하기 위해 무척 소중하게 활용될 혜안들이 번쩍이고 있음에 반해 적어도 표면적으로는 오늘의 과학에 거슬리는 걸림돌들이 여기저기 박혀 있어서 이를 가려내고 재해석해 내는 일이 매우 시급한 과제라고 여겨진다. 필자의 생각에는 칸트의 철학, 특히 『순수이성비판』에 나타난 그의 인식론은 전통적 의미의 형이상학이라기보다는 과학에 대한 메타이론이라고 보는 것이 더 적절할 것이며, 이러한 뜻에서 그 하위 이론에 해당하는 과학 이론들과의 지속적인 교류 속에 상호 발전을 도모하는 것이 온당할 것이라 여겨진다. 이는 마치도 이론물리학과 실험물리학의 관계에서 이론의 발전이 실험을 부추기고 실험적 사실들이 다시 이론을 추동시키는 상황과 흡사한 일일 것이다.

대부분의 철학이 그러하듯이 칸트의 철학 또한 '옳음과 그름'이라고 하는 이분법적 잣대로만 가늠할 수 없다. 이 안에는 분명히 잘못된 내용들이 포함되어 있지만, 쓸 만한 요소 또한 적지 않게 담겨 있을 것이다. 지금까지는 이러한 점들에 대해 칸트 철학의 내적 논리에 의해 주로 검토해 왔으나, 이제는 오히려 현대 과학을 기정사실로 놓고 역방향에서 검토해 볼 수 있다. 이렇게 할 때 칸트 철학이 담고 있는 맹점이 좀 더 잘 드러날 것이지만, 동시에 이것이 제공하는 혜안 또한 얻어 내어 오늘의 과학이 결여하고 있는 기반을 좀 더 단단하게 만들어 볼 수 있으리라는 것이 이 논의의 착안점이다.

이러한 점들을 염두에 두고 우리가 앞에 정리한 물리학의 이론 구조를 바탕으로 칸트의 인식론, 특히 그의 『순수이성비판』에 나타난 논의를 검토해 나가기로 하자.

(2) 감성과 지성

칸트 철학의 한 중요한 특징은 '감성'과 '지성'을 엄격히 구분하고 있다는 점이다. 여기서 '감성'Sinnlichkeit(sensibility)이라 함은 인간의 정감에 관련된 것을 주로 말하는 오늘 우리의 일상적 의미와는 크게 다르다. 이것은 오히려 외부의 정보를 일차적으로 감지하는 지적 기능으로, 인식 주체와 외부 상황을 연결해 주는 교량의 구실을 수행한다. 이에 반해 '지성'Verstand(understanding)은 한때 '오성'으로 번역되기도 했는데,[1] 받아들인 정보를 활용해 의미 있는 사고를 수행하는 기능으로서, 이는 철저히 인식 주체 내부의 지적 활동을 지칭한다. 이제 이에 관련된 칸트 자신의 이야기를 들어 보자.[2]

인간 인식의 두 줄기가 있는데, 그것들은 아마도 하나의 공통의, 그러나 우리에게 잘 알려져 있지 않은, 뿌리로부터 생겨난 것으로 **감성**과 **지성**이 바로 그것이다. 전자를 통해 우리에게 대상이 **주어지고**, 반면에 후자를 통해 **사고된다**. [B 30]

그리고 칸트는 다시 '직관'과 '개념'을 구분해서 대비시킨다. 즉 '직관'은 인식이 직접적으로 대상과 관계를 맺는 것으로 이는 오직 대상이 우리에게 주어지는 한에서만 가능한 것인데, 그러한 점에서 이것은 감성의 작용이다. 이에 비해 '개념'은 사고를 통해 이루어지는 것이어서 이는 지성의 작용이라고 본다. 다시 그의 말을 직접 들어 보자.

인식이 어떤 방식으로 그리고 어떤 수단에 의해 대상들과 관계를 맺든지 간에, 그로써 인식이 직접적으로 대상들과 관계를 맺는 것은, 그리고 모든 사고가 수단으로 목표하는 것은, **직관**이다. 그런데 직관은 오로지 우리에

---

1 이 글에서는 기본적으로 백종현이 번역한 『순수이성비판』의 용어를 채택하기로 한다. 그는 칸트의 '페어슈탄트'(Verstand)를 지성(知性)으로 번역했는데, 이전의 대부분의 번역본, 예를 들어 『순수이성비판』의 또 하나의 주요 우리말 번역본인 최재희의 번역 등에서는 이를 '오성'(悟性)이라 해왔다.

2 칸트 인용문은 주로 칸트의 『순수이성비판』 개정판에서 취했고, 초판을 A, 개정판을 B로 표기하는 관례를 따라 'B' 다음에 그 쪽수를 표시했다. 문장은 백종현(2006)의 번역문을 거의 그대로 사용했으나 몇몇 곳에 약간의 수정을 가했다.
『순수이성비판』의 인용 관례는 초판의 경우 'A' 다음에 쪽수를 쓰고, 개정판의 경우 'B' 다음에 해당 쪽수를 쓴다. 예를 들어, 같은 문장이 초판 85쪽에 나오고 개정판 92쪽에 나온다면 A 85, B 92 등으로 표기한다. 그리고 칸트 인용문에 굳이 대괄호([ ])를 쓴 것은 다른 인용문과 달리 이러한 특별한 성격을 나타내기 위해서다.

게 대상이 주어지는 한에서만 생기며, 이런 일은 적어도 우리 인간에게 있어서는 오로지 대상이 마음을 어떤 방식으로든 촉발함으로써만 가능하다. 우리가 대상들에 의해 촉발되는 방식으로 표상들을 얻는 능력(곧, 수용성)을 일컬어 **감성**이라 한다. 그러므로 감성을 매개로 대상들은 우리에게 **주어지는** 것이고, 감성만이 우리에게 **직관들**을 제공한다. 그러나 이것들은 지성에 의해 **사고되며**, 지성으로부터 **개념들**이 생겨난다.〔B 33〕

이와 함께 칸트는 '감각'이라는 말, 그리고 '경험적'이라는 말의 의미를 규정하고, '현상'이라는 것 또한 이를 통해 명백히 정의하고 있다.

우리가 대상에 의해 촉발되는 한에서, 대상이 표상 능력에 미치는 결과가 감각이다. 감각에 의해 대상과 관계 맺는 그런 직관은 **경험적**이라 일컫는다. 〔그리고〕 경험적 직관의 무규정적 대상을 **현상**이라 일컫는다.〔B 34〕

이렇게 해서 그는 '초월적 감성학'의 논의 바탕을 마련하지만, 그의 초월적 감성학 내용은 조금 뒤 '공간과 시간' 논의와 관련해 다시 검토하기로 하고, 여기서는 우선 감성과 지성에 대한 그의 생각들을 조금 더 살펴보자. 그는 '초월적 감성학'의 논의를 마치고 '초월적 논리학'으로 넘어가는 서론적 서술에서 감성과 지성의 성격을 다시 한 번 자세히 설명한다. 그러면서 그는 '경험적인 것'과 '순수한 것'을 구분하고, 이와 관련해 '선험적인 것'과 '후험적인 것'의 의미를 규정하고 있다.

우리 인식은 마음의 두 원천으로부터 유래한다. 그 가운데 첫 번째 원천은 표상들을 받아들이는 능력(곧, 인상들의 수용성)이고, 두 번째 원천은 이 표상들을 통해 하나의 대상을 인식하는 능력(즉, 개념의 자발성)이다. 전자에 의해 한 대상이 우리에게 **주어지고**, 후자에 의해 이 대상이 (마음의 순전한 규정인) 저 표상과 관련하여 **사고된다**. 그러므로 직관과 개념들은 우리 모든 인식의 요소들을 이룬다. 그렇기에 그것들에 어떤 방식으로 대응하는 직관이 없이는 어떠한 개념들도, 또한 개념들이 없이는 어떠한 직관도 인식을 제공할 수가 없다. 이 양자는 순수하거나 경험적이다. (대상의 실제적 현전現前을 전제로 하는) 감각을 자기 안에 함유하고 있으면 **경험적**인 것이고, 반면에 그 표상에 아무런 감각도 섞여 있지 않으면 **순수한** 것이다. 감각은 감성적 인식의 질료라 일컬을 수 있다. 그러니까 순수한 직관만이 그 안에서 무엇인가가 직관되는 형식을 포함하며, 순수한 개념만이 대상 일반을 사고하는 형식을 포함한다. 그런데 순수한 직관들이나 개념들만이 선험적으로 가능하며, 경험적인 것들은 단지 후험적으로만 가능하다.

〔B 74-75〕

곧이어 칸트는 마음의 '수용성'과 '자발성'이라는 관점에서 감성과 지성의 구분을 다시 한번 강조하고, '개념'과 '직관'에 관련해 '개념들을 감성화하는 일'과 '직관들을 지성화하는 일'을 명시적으로 언급하면서 이들이 똑같이 필수적이라는 점을 지적한다.

우리가, 우리 마음이 어떤 방식으로든 촉발되는 한에서, 표상들을 받아들이는 우리 마음의 **수용성**을 **감성**이라고 부르기로 한다면, 이에 반해 표상들을 스스로 산출하는 능력, 바꿔 말해 인식의 **자발성**은 **지성**이다. 우리의 자연본성상, 직관은 감성적일 수밖에 없다. 다시 말해, 직관은 오로지 우리가 대상들에 의해 촉발되는 방식만을 갖는다. 이에 반해 감성적 직관의 대상을 **사고하는** 능력은 **지성**이다. 이 성질들 중 어느 것도 다른 것을 우선할 수 없다. 감성이 없다면 우리에겐 아무것도 주어질 수 없을 터이고, 지성이 없다면 아무런 대상도 사고되지 않을 터이다. 내용 없는 사상은 공허하고 개념 없는 직관은 맹목적이다. 따라서 그 개념들을 감성화하는 일(다시 말해, 그 개념들에게 직관에 잡힌 대상을 부가하는 일)과 그 직관들을 지성화하는 일(다시 말해, 그 직관들을 개념들 아래로 보내는 일)은 똑같이 필수적이다. 또한 이 두 능력 내지 역량은 그 기능을 서로 바꿀 수가 없다. 지성은 아무것도 직관할 수 없으며, 감관들은 아무것도 사고할 수 없다. 이 양자가 통일됨으로써만, 인식은 생길 수 있다.〔B 75-76〕

그런데 매우 놀라운 점은 칸트가 그토록 강조하는 감성과 지성에 대한 이 구분의 중요성에 대해 별로 주목해 온 학자들이 없다는 사실이다. 칸트가 이러한 구분을 하고, 이른바 '감성학'과 '논리학'으로 학^學의 영역을 나누어 가며 강조하고 있음에도 불구하고 왜 그렇게 해야 하는 것인지에 대한 후속의 연구가 이루어지지 않고 있는 것이다. 당연히 칸트 연구자들은 칸트의 이 구분을 소개할 수밖에 없지만, 이를 그저 평면적으로 소개만 하고 있을 뿐 적어도 필자가 파악한 바로는 그에 대한 심층적 이해를 제시한 바가 전혀 없다. 고백건대 필자 또한 양자역학에 대한 새로운 해석(우리는 이를 일러 속칭 '양자역학의 서울해석'이라 부른다)을 독자적으로 내놓기 전까지는 이 구분의 중요성을 파악하지 못했다. 그러다가 양자역학, 그리고 더 일반적으로 동역학 전반에 관한 메타이론적 구조를 독자적으로 확인한 이후 칸트의 『순수이성비판』을 다시 보면서 이것이 결국 동역학 이론의 메타적 구조에 해당하는 것임을 알게 되었다.

이제 이를 확인하기 위해 앞에서 설명한 양자역학의 메타이론적 구조에 대한 도식을 다시 한번 살펴보자.

대상의 초기 물리량   대상의 말기 물리량

↓   ↑

대상의 초기 상태 = = = =〉 대상의 말기 상태

↑

상태변화의 법칙

여기서 첫째 줄, 즉 대상의 물리량 관측 부분이 바로 감성의 영역에 해당하며, 이렇게 물리량을 얻는 작업이 바로 칸트가 말하는 직관에 해당한다. 그러나 적어도 양자역학에서는 이 관측량이 그대로 동역학적 법칙의 적용 대상이 되지는 못한다. 이것이 다시 '상태'라고 하는 동역학적 개념으로 환원된 이후에 비로소 동역학 법칙, 즉 셋째 줄에 제시된 상태변화의 법칙의 적용을 받는 것이다. 이를 칸트의 용어로 옮겨 보면 '직관들을 지성화하는 일'(다시 말해, 그 직관들을 개념들에 연결하는 일)을 거쳐 상태라고 하는 개념을 만들어 낸 이후 인과적 '사고'가 시작되는 것이다. 위의 도식에서 보자면 '대상의 물리량 관측'에서 '대상의 초기 상태'에 이르는 과정, 곧 아래쪽으로 향한 화살표(↓)가 '직관들을 지성화하는 일'에 해당한다. 이렇게 해서 여기에 다시 인과적 사고를 적용한 결과 우리는 '대상의 말기 상태'를 얻게 되는데(이 점에 대해서는 칸트의 '지성학'과 관련해서 뒤에 다시 논의한다), 이것은 다시 대상과 관련된 그 어떤 판단과 연결되어야 한다. 그러나 '대상의 말기 상태'는 여전히 사고, 곧 개념의 영역에 머물러 있는 것이므로, 이번에는 반대로 '개념들을 감성화하는 일'(다시 말해, 그 개념들에게 직관에 잡힌 대상을 부가하는 일)을 요구받게 된다. 이것이 바로 위의 도식에서 위쪽으로 향한 화살표(↑)에 해당하는 과정이다.

이러한 점들을 고려해서 위의 도식에 칸트의 해석을 곁들여 다시 정리해 보면 다음과 같다.

감성의 영역(직관)	대상의 초기 물리량	대상의 말기 물리량
	↓ (직관의 지성화)	↑ (개념의 감성화)
지성의 영역(개념)	대상의 초기 상태 = = = =〉	대상의 말기 상태
	↑	
	상태변화의 법칙	

여기서 특히 강조하고자 하는 바는 칸트가 말하는 감성의 영역, 곧 측정의 과정에는 칸트가 말하는 '사고' 곧 물리학 이론이 적용되지 않는다는 점이다. 물리학 이론의 진정한 적용은 개념을 다루는 지성의 영역에 국한되고 있다. 그럼에도 불구하고 물리학자들뿐 아니라 대부분의 사상가들은 이 점을 파악하지 못하고 감성의 영역에 해당하는 측정 과정 자체에까지 물리학 이론을 적용하려는 과오를 범해 왔으며, 지금도 대부분의 사람들은 이러한 과오에서 벗어나지 못하고 있다. 실제로 양자역학의 대두 이래 지금까지 거의 한 세기에 걸쳐 그 '해석' 문제에 별다른 진전을 가져오지 못한 것 자체가 궁극적으로는 이 점에 대한 오해에 기인했다고 말할 수 있으며, 그러한 점에서 이 문제는 인류의 지성사에 한 획을 긋는 과제라고 해야 할 것이다.

그렇기에 여기서 우리는 우선 이러한 과오가 나타나는 근원적인 이유가 무엇인가에 대해 좀 더 깊이 생각해 볼 필요가 있다. 우리는 먼저 칸트의 이 논의가 인간 두뇌의 물리적 구조를 통해 나온다든가 인간 사고의 심리학적 구조에서 나온 것이 아니라 인간에게 가능한 인식의 근원적 구조에서 나온 것이라는 점에 착안해야 한다. 즉 인간은 그 자신 자연의 일부면서도 자연을, 그리고 자기 자신을, 객체로서 바라보는 인식 주체를 형성하고 있다는 점이다. 그렇기에 칸트는 객체와 주체에 관련된 이러한 숙명적 상황이 주는 불가피한 구조 속에서 인간이 가질 수밖에 없는 인식론적 처지를 파악하고 이를 그의 『순수이성비판』 속에 서술해 놓은 것이다. 그렇기에 그가 이야기하는 감성과 지성의 분리는 바로 이러한 인식적 상황이 지닌 본원적인 구조와 관련해서 이해해야 한다.

사실 칸트의 논의를 통해 우리가 묻지 않고 넘어가는 한 가지 매우 중요한 점은 칸트가 말하는 이성의 소유자가 누구인가 하는 점이다. 아마도 매우 자연스럽게 우리는 이것이 충분한 지성을 갖춘 '자연인'이라고 생각할 것이다. 만약에 그렇게 이야기하자면 이것은 인간의 '인지심리학' 쯤으로 자리매김해야 할 것이다. 그런데 과연 그러한가? 그는 그러한 점에 관심을 기울인 흔적이 없다. 예컨대 인간은 몇 살이 되면 이러한 사고가 가능하고, 또 몇 살이 되면 (너무 노쇠해서) 이러한 사고를 할 수 없다고 하는 논의를 하지 않는다. 그렇다면 도대체 이것은 누구의 이야기인가? 아마도 칸트 자신, 그리고 이후의 많은 사람들은 인간은 그 어떤 '완성된' 이성이라는 것을 가지고 있으며, 이 이성이 이러한 작용을 한다고 생각했을 것이다. 그렇다면 현실로서 '완성된' 이성이라는 것을 과연 상정할 수 있는가?

그렇기에 이것은 결국 인간이 놓인 인식적 상황 아래 우리가 생각할 수 있는 '이상적 지성'(여기서의 '지성'은 칸트적 의미의 지성이 아님)이 가진 기능을 고찰한 것이라고 이야기해야 할 것이며, 이것이 실제 어떤 과정을 거쳐 어떻게 마련된 것인가를 묻지 않는 입장이다. 이러한 의미에서 이것은 몰역사적 성격을 가지며, 칸트가 '순수하다'거나 '비경험적'이라고 말하는 것은 그러한 이성이 만들어진 과정에서 경험의 영향을 전혀 받지 않았다는 의미가 아니라 이미 이루어진 현재의 상황에서 현재 진행되고 있는 경험 과정에 무관하게 작용한다는 것을 의미한다. 이러한 점에서 우리가 앞에서 논의한 '사고의 틀'은 칸트의 입장에서는 '비경험적' 요소이며, 따라서 '순수한 것'이라고 보아야 한다.

같은 맥락에서 칸트의 '이성'은 개별 인간에 해당하는 것이라기보다는 인간의 '집합적 지성'에 해당하는 것이라고 보아야 할 측면도 있다. 인간이야말로 자신들의 언어 기구를 통해 서로 의논해 가며 집합적 지성을 형성하고 있으며, 이러한 집합적 지성이 지니는 인식적 구조가 오히려 칸트가 상정하는 '이상적 지성'에 훨씬 더 가까울 수 있기 때문이다. 이 점은 과학 활동 그 자체에도 그대로 적용된다. 과학 관련 문헌에서 서술 주체로 흔히 쓰이는 '우리'라는 개념은 결국 암묵적으로 우리 인간의 집합적 지성의 작용 또는 활동을 말한다고 할 수 있다(장회익 1998). 특히 칸트가 말하는 감각은 특정 개인의 감각이 아니라 집합적 지성 안에 처음으로 들어오는 외적 자극을 말한다고 할 수 있으며, 이러한 점에서 이는 과학에서의 측정 장치를 포함할 수가 있다. 이 점 또한 양자역학 해석을 둘러싸고 많이 논란이 되어 온 문제기는 하나 칸트의 이론을 확대해서 적용해 본다면 이미 이 안에 그 해답이 들어 있다고 말할 수 있다.

4

칸트의 공간·시간론

(1) 감성의 형식

칸트 철학의 중요한 특징 가운데 다른 하나는 그의 이른바 '감성의 형식'이라고 하는 공간·시간론에서 찾아볼 수 있다. 이제 그의 공간론과 시간론에 대한 좀 더 자세한 논의에 들어가기 전에 그가 제시하는 몇 가지 개념들을 먼저 정리하고 넘어가자. 우리가 앞에서 인용한 바와 같이 칸트는 "경험적 직관의 무규정적 대상을 **현상**이라 일컫는다"(B 34)고 하면서, 이러한 현상과 관련해 다시 '질료'와 '형식'을 다음과 같이 정리한다.

현상에서 감각에 대응하는 것을 나는 그것의 **질료**라고 부르며, 그러한 현상의 잡다[한 것]가 일정한 관계에서 질서지어질 수 있도록 만드는 것을 나는 현상의 **형식**이라고 부른다.[B 34]

그러므로 우리에게는 경험적 직관을 통해 확인되는 '현상'이 있는데, 이를 다시 두 부분으로 나누어 그 가운데 감각에 대응하는 것을 '질료'라 부르고, 이 직관의 과정에서 여기에 부여된 일정한 질서를 일러 '형식'이라 부른다는 것이다. 그러니까 우리는 대상에 대한 직관의 과정에서 감각을 통해 질료를 얻음과 동시에 이 질료에 일정한 질서를 부여함으로써 현상에 대해 직관이 주는 일차적 인식에 도달하는 것이다. 여기서 우리는 칸트의 이러한 관점이 우리가 앞서 앎의 성격과 관련해 논의한 '앎의 내용'과 '앎의 틀' 개념에 매우 유사한 것이라는 느낌을 가진다. 우리는 앞에서 외부에서 들어온 정보가 앎의 틀에서 적정한 위치를 찾아 안착한다고 보았는데, 칸트는 이를 일러 '형식'의 기능, 곧 '질료'에 일정한 질서를 부여하는 것이라 보고 있다.

한편 칸트는 질료와 형식 사이의 이러한 통합을 의식하는 것은 쉽지 않다고 본다. 우리는 오히려 통합된 결과만을 인식하므로, 이번에는 이 결과에서 실제로 감각에 직결된 부분을 도려냄으로써 순수한 형식에 해당하는 부분이 무엇이었는가를 알아볼 수 있게 된다고 한다. 다시 칸트의 말을 들어 보자.

나는 그 안에서 감각에 속하는 것을 아무것도 마주치지 않는 그런 모든 표상을 (초월적 의미에서) **순수하다**고 부른다. 그러니까 감성적 직관들 일반

1장 · 칸트 철학과 현대 물리학 | **43**

의 순수 형식은 마음에서 선험적으로 마주치는 것이고, 그 안에서 현상들의 모든 잡다雜多는 일정한 관계에서 직관되는 것이다. 감성의 이 순수한 형식 그 자체도 **순수한 직관**이라고 일컬어진다. 이제 내가 한 물체의 표상으로부터 지성이 그것에 대해 생각하는 것, 가령 실체·힘·가분성 따위와 또한 거기에서 감각에 속하는 것, 가령 불가투입성·단단함·색깔 따위를 분리해 내면, 그래도 나에게 이 경험적 직관에서는 무엇인가가 남는다. 곧 연장성延長性·형태가 남는다. 이것들은 선험적으로 감관 내지는 감각의 실재 대상이 없이도 감성의 순전한 형식으로 마음에서 생기는 순수 직관에 속하는 것이다.〔B 35〕

이 언급은 이른바 연장성延長性이 사물의 본질적 속성이라고 본 데카르트 철학의 유산이라 할 수 있다. 그런데 칸트는 이 속성 자체가 본질적으로 대상에 속하는 것이 아니라 대상 주체가 선험적으로 지니고 있는 감성의 순수한 형식에 의한 것이라고 본 점에서 이른바 코페르니쿠스적 전환을 시도하고 있다. 여기서도 앞에서 언급한 바와 같이 이를 선험적으로 본다는 점에서 비역사적 관점을 견지하고 있음을 주목해야 한다. 칸트는 이러한 기능이 형성되는 과정에서 겪었을 역사적 경험은 완전히 도외시하면서 당면 대상의 인식 과정만에 초점을 맞추어 이러한 관점을 취하고 있다.

이러한 연장성은 당연히 그 바탕에 깔린 공간 개념을 전제하지 않을 수 없으며, 이것이 바로 칸트가 말하는 순수 직관의 형식에 연결된다. 여기에 대한 칸트의 이야기를 들어 보자.

(우리 마음의 한 속성인) 외〔적〕감〔각기능〕을 매개로 우리는 대상들을 우리 밖에 있는 것으로, 다시 말해 이것들을 모두 공간상에 표상한다. 그 위에서 그것들의 형태와 크기 그리고 상호 관계가 규정되며, 규정될 수 있다. 그것을 매개로 마음이 자기 자신 또는 자기의 내적 상태를 직관하는 내〔적〕감〔각기능〕은 한 객관으로서의 영혼 자체에 대해서는 아무런 직관도 주지 않지만, 그 안에서만 영혼의 내적 상태에 대한 직관이 가능한 일정한 형식이 있다. 그래서 내적 규정에 속하는 모든 것은 시간 관계에서 표상된다. 시간은 외적으로는 직관될 수 없다. 그것은 공간이 우리 안의 어떤 것으로 직관될 수 없는 것과 마찬가지다. 그러면 공간과 시간은 무엇인가? 그것들은 실재하는 것인가? 그것들은 단지 사물들의 규정 내지는 관계이되, 사물들이 직관되지 않더라도 그 자체로 사물들에 속하는 그런 것인가, 아니면 그것들은 오직 직관의 형식에만 부착해 있는 그런 것이어서, 그러니까 우리 마음의 주관적 성질에 부착해 있는 것이어서, 이런 성질이 없다면 이 술어들은 결코 어떤 사물에도 부가될 수 없는 것인가?〔B 38〕

이렇게 묻고 칸트는 공간과 시간 개념에 대한 '해설'을 시도한다. 여기서 그는 해설이라는 것을 어떤 개념에 속하는 것에 대한 (상세하지는 않을지라도) 분명한 표상이라고 하면서, 그 해설이 선험적으로 주어지는 개념을 서술하는 것일 경우, 이것은 형이상학적인 것이라고 말한다.

(2) 공간에 관한 칸트의 해설

공간에 대해 칸트가 제시하는 '형이상학적 해설'은 대략 다음과 같다. 위에 언급한 것처럼 칸트 자신은 이 해설이 공간 개념 그 자체 속에서 읽어 낼 수 있는 '분명한 표상'이라고 생각하지만, 칸트 이전에는 물론이고 칸트 이후에도 칸트의 이 독법에 수긍하는 사람은 그리 많지 않을 것 같다. 우리는 먼저 그 내용을 들어 보고 적어도 현대 과학에서는 이를 어떻게 받아들일 수 있는지를 생각해 보기로 하자.

① 공간은 외적 경험들로부터 추출된 경험적 개념이 아니다. ……오히려 이 외적 경험이라는 것 자체가 오로지 이 표상을 통해 비로소 가능하다.〔B 38〕
② 공간은 모든 외적 직관의 기초에 놓여 있는 선험적이고 필연적인 표상이다.〔B 38〕
③ 공간은, 사람들이 말하는 것처럼 사물들 일반의 관계들에 대한 어떤 논변적인 또는 보편적인 개념이 아니라, 순수한 직관이다. ……공간과 관련해서는 (경험적이지 않은) 선험적 직관이 그것에 대한 모든 개념들의 기초에 놓여 있다는 것이다. 그래서 예컨대 '삼각형에서 두 변의 합은 제3변보다 길다'와 같은 모든 기하학의 기본 명제들도 결코 선이니 삼각형이니 하는 일반적 개념들로부터가 아니라 직관으로부터, 그것도 선험적으로 명증적인 확실성과 함께 도출되는 것이다.〔B 39〕

우리는 여기서 칸트가 우리의 공간 표상을 유클리드 기하학의 명제들과 관련짓는 점에 주목해 볼 필요가 있다. 그가 『순수이성비판』을 집필한 중요한 동기 가운데 하나가 이러한 명제들의 명증적 확실성을 뒷받침할 형이상학적 논거를 찾으려는 것이었다는 점에서 이 주장은 그의 철학에서 적지 않은 비중을 점유한다. 이제 그 논거를 조금 더 살펴 나가자.

> 기하학은 공간의 속성들을 종합적으로, 그리고 그것도 선험적으로 규정하는 학문이다. 공간에 대한 그러한 인식이 가능하려면, 도대체 공간 표상은 무엇이어야 하는가? 그것은 근원적으로 직관이어야만 한다. 왜냐하면, 순전한 개념으로부터는 그 개념을 넘어서는 어떤 명제도 도출되지 않는데, 기하학에서는 그런 일이 일어나니 말이다. 그러나 이 직관은 선험적이어야만 한다. 다시 말해 대상에 대한 모든 지각에 앞서 우리 안에서 만나야만 한다. 그러니까〔이것은〕 순수한, 경험적이 아닌 직관이어야만 한다. 왜냐하면, 기하학의 명제들은 예컨대 '공간은 단지 3차원을 갖는다' 처럼 모두 명증적이니, 다시 말해 그것들의 필연성에 대한 의식과 결합되어 있으니 말이다. 그런데 그러한 명제들은 경험적 또는 경험 판단들일 수도 없고, 그런 판단들로부터 이끌어져 나올 수도 없다.〔B 40-41〕

그리고 칸트는 "이상의 개념들로부터 나오는 결론" 이라는 말로 다음 두 명제를 제시한다.

㉮ 공간은 어떠한 사물들 자체의 속성을 표상하거나 사물들 자체를 그것

들의 상호 관계에서 전혀 표상하지 않는다. [B 42]

ⓑ 공간은 다름 아니라 외감의 모든 현상들의 형식일 따름이다. 다시 말해 공간은 그 아래에서만 우리에게 외적 직관이 가능한, 감성의 주관적 조건일 따름이다. [B 42]

공간에 대한 이러한 강한 관념성을 주장하면서도 그는 공간이 "우리에게 외적으로 대상으로 나타날 수 있는 모든 것과 관련해서는" 실재성을 가진다고 하면서, 이를 일러 공간의 '경험적 실재성'이라 칭하고 있다.

이로써 우리의 해설은, 우리에게 외적으로 대상으로 나타날 수 있는 모든 것과 관련해서는 공간의 **실재성**을 가르쳐 준다. 그러나 동시에 이성에 의해 그 자체로 사념되는, 다시 말해 우리 감성의 성질을 고려함이 없이 취해지는 사물이 있다면, 그런 사물과 관련해서는 공간의 **관념성**을 가르쳐 준다. 그래서 우리는 (모든 가능한 외적 경험과 관련해서) 공간의 **경험적 실재성**을 주장한다. [B 43-44]

(3) 시간에 관한 칸트의 해설

이러한 공간론과 함께 칸트는 곧이어 시간에 대해서도 비슷한 논의를 하고 있다. 단지 시간의 경우에는, 공간이 '외감의 형식'이었음에 비해 이것은 '내감의 형식', 다시 말해 우리 자신과 우리의 내적 상태를 직관하는 형식이라는 점만이 다를 뿐이다. 이에 대한 칸트의 말을 아래에 요약한다.

① 시간은 어떤 경험으로부터 추출된 경험적 개념이 아니다. ……오로지 시간을 전제하고서만 우리는 동일한 시간에 (동시에) 또는 서로 다른 시간에 (잇따라) 있음을 표상할 수 있다. (B 46)

② 시간은 모든 직관의 기초에 놓여 있는 필연적인 표상이다. (B 46)

③ 이 선험적 필연성 위에 시간 관계들의 명증한 원칙들 내지 시간 일반의 공리들의 가능성 또한 기초한다. 시간은 오로지 하나의 차원을 갖는다: 서로 다른 시간들은 동시에 있지 않고, 잇따라 있다. — 서로 다른 공간들이 잇따라 있지 않고, 동시에 있는 것과 같은 이치로 — 이런 원칙들은 경험으로부터 이끌어 낼 수 없다. (B 47)

④ 시간은 논변적인, 또는 사람들이 그렇게 부르듯 보편적인 개념이 아니라, 감성적 직관의 순수 형식이다. (B 47)

⑤ 시간의 무한성은 다름 아니라, 시간의 모든 일정한 크기는 단지 기초에 놓여 있는 유일한 시간의 제한으로써만 가능하다는 것을 의미한다. 그러므로 근원적 표상 시간은 무제한적으로 주어져야만 한다. (B 47-48)

이상의 개념들로부터 나오는 결론:

㉮ 시간은 스스로 독립적으로 존속하는 무엇도 아니고, 사물들의 객관적 규정으로서, 그러니까 우리가 사물들에 대한 직관의 모든 주관적 조건들

을 도외시해도 여전히 사물에게 남을 그런 어떤 것도 아니다.(B 49)

㉯ 시간은 다름 아닌 내감의 형식, 다시 말해 우리 자신과 우리의 내적 상태를 직관하는 형식이다.(B 49)

㉰ 시간은 모든 현상들 일반의 선험적인 형식적 조건이다. 모든 외적 직관의 순수 형식으로서 공간은 선험적 조건으로는 순전히 외적인 현상들에만 제한된다. 이에 반해, 모든 표상들은 그것들이 외적인 사물들을 대상으로 가지든 그렇지 않든 그 자체로 마음의 규정들로서 내적 상태에 속하는 것이고, 그런데 이 내적 상태란 내적 직관의 형식적 조건 아래, 그러니까 시간에 속하는 것이므로, 시간은 모든 현상의 일반적 조건이다.(B 50)

우리는 '모든 사물들은 시간상에 있다'고 말할 수 없다. 사물들 일반의 개념에는 그것에 대한 직관의 방식은 결여되어 있으니 말이다. 그러나 이 직관이야말로 시간이 대상들의 표상에 속하는 본래적인 조건이다. 그래서 이 조건을 저 개념에 덧붙여 '현상(곧 감성적 직관의 대상)으로서 모든 사물들은 시간상에 있다'고 한다면, 이 원칙은 충분히 객관적 정당성과 선험적 보편성을 갖는다.

따라서 우리의 주장들은 시간의 **경험적 실재성**을, 다시 말해 언제든 우리의 감관에 주어짐 직한 모든 대상들과 관련해 객관적 타당성을 가르쳐 준다. (B 51-52)

(4) 칸트의 공간 · 시간론에 대한 평가

우리는 이제 이러한 칸트의 공간 · 시간론에 대해 오늘의 관점에서 어떠한 평가를 할 수 있는지 생각해 보자. 우리는 위에서 칸트가 공간 표상을 유클리드 기하학의 명제들과 관련지으면서 이들에 대한 명증적 확실성을 형이상학적 논거를 통해 마련하려 했음을 보았다. 그러나 이것은 칸트의 명백한 오류다. 첫째로 유클리드 기하학은 물리적 공간의 성질일 필요가 없으며, 실제로 오늘날 이해되는 물리적 공간은 오히려 비유클리드 기하학의 성격을 띠고 있다. 이와 함께 그는 공간이 3차원을 지니며, 시간은 오로지 하나의 차원만을 가진다고 했으나, 이것 또한 아인슈타인의 상대성이론에 의해 크게 수정되어 실제로는 시간과 공간이 합쳐 4차원을 이루는 것으로 보고 있다.

이러한 사실들을 통해 우리가 얻을 수 있는 결론은 칸트의 이른바 형이상학적 논변은 그 타당성을 크게 상실한다는 점이다. 그렇기에 이미 앞에서 언급했듯이 우리는 오히려 이러한 논변을 칸트의 '메타이론적' 논의라고 바꾸어 이해하는 것이 더 적절하리라 생각된다. 메타이론적 논의는 모든 이론적 논의가 그러하듯이 그 자체로 가설적 성격을 지니는 것이며, 따라서 그 안에 부분적인 오류가 포함될 수 있음을 인정하고, 또 이를 적절한 방식으로 수정해 나갈 수 있게 해 주기 때문이다.

이러한 점을 대전제로 삼고, 이제 칸트의 공간 · 시간론이 가지는 몇몇 특징적 면모를 살펴보기로 하자. 그는 공간과 시간은 모두 어떤 경험들로부터 추출된 경험적 개념이 아니라 오히려 경험이라는 것 자체가 이들 표상을 통해 가능해진다고 주장한다. 이것은 물론 현재 우리가 수행하고 있는 '단위' 경험에 대해서는 타당하며, 또한 매우 중요한 언급이다. 그러니까 우리는 경험을 하기에 앞서 이미 공간과 시간에 대한 일정한 내재적 표상을 가진다. 그런데 이러한 내재적 표상은 도대체 어떻게 얻어진 것인가? 태어날 때부터 이것을 가지고 나왔다는 이야기인가? 우리는 물론 태어날 때 이미 일정한 중추신경 조직을 지니고 나온 것이 사실이다. 그러나 이 안에 이미 칸트가 말하는 공간과 시간에 대한 표상이 담겨 있었으리라 판단하는 것은 무리다. 결국 태어난 이후 주변 사물과 부딪치는 경험 속에서 자신도 모르는 가운데 중추신경계의 조정이 이루어지고, 이를 통해 이러한 표상 기능이 서서히 등장했다고 보는 것이 타당하다. 그러면서 한편으로 이것이 사람에 따라 별로 다르지 않고 거의 대등한 성격을 지닌다는 것은 사람의 신경생리학적 공통성에 기인하는 측면도 있겠고, 또 사회문화적 교류에 기인하는 측면도 있을 것이다. 그리하여 최소한 근대인들에 이르러서는 대략 칸트가 언급하는 표상을 지니게 되었으리라 보이며, 이러한 점에서 칸트의 고찰은 일면 타당한 부분이 있다. 더구나 공간과 시간의 표상은 직접적인 관찰이나 경험을 통해 얻어지는 것이 아닌 만큼 이를 선험적이라 규정함도 이런 제한된 의미에서는 타당하다. 그리고 외부 대상 세계에 속하는 것이 아니라 인식 주체인 우리의 주관적 조건에 해당한다는 것도 이러한 점에서 인정할 만하다.

그러나 과연 공간과 시간은 현실 세계에 실재하지 않는 것인데, 우리가 관념적으로 만들어 낸 허구에 불과한 것인가? 여기에 대해서는 칸트 자신 매우 조심스런 입장에 선다. 우리가 세계에 대해 현실적으로 말할 수 있는 것은 오로지 현상일 뿐인데, 이 현상은 질료와 형식을 통해 우리에게 나타나는 것이며, 그렇기에 이 현상은 분명히 공간과 시간 안에 존재한다는 것이다. 이러한 점에서 그는 공간과 시간에 대해 '초월적 관념성'을 말하면서도 또한 '경험적 실재성'을 인정한다. 한마디로 요약하자면 우리가 **이해하는** 세계는 공간과 시간 안에 있다는 것이다. 우리가 만일 칸트의 입장을 이렇게 이해한다면, 이것은 현재의 우리 관점에서도 크게 이상하다고 볼 일이 아니다.

이와 함께 칸트가 언급하지 않는 것은 우리가 미래에 가질 공간과 시간의 표상이다. 세계에 대한 우리의 이해가 깊어지면서 공간과 시간에 대한 우리의 표상도 개선될 수 있으며, 그렇게 될 경우 그 표상의 내용도 현재 우리가 지니고 있는 것과는 달라질 수 있으리라는 가능성이다. 물론 칸트는 공간과 시간의 표상이 경험에 의한 것이 아니므로 이러한 개선의 가능성이 원천적으로 배제된 것이라고 보았을 수 있으나, 그가 만일 현재의 표상이 어떻게 이루어진 것이었는가를 생각해 보았다면 이러한 가능성을 원천적으로 배제할 수는 없었을 것이다. 결국 우리가 상대성이론을 통해 확인했듯이 이러한 가능성은 열려 있었으며, 실제로 이러한 개선이 이루어졌다.

칸트의 공간·시간론이 지닌 이러한 한계에도 불구하고 이것이 우리에게 주는 한 가지 중요한 기여는 공간과 시간에 대한 표상이 근본적으로 인식 주체인 우리들 자신에게 속한다고 하는 생각이다. 물론 칸트는 이것이 이미 고정된 것으로 보았으나 이것이 만일 수정 가능한 것으로 보았더라면, 우리는 이에 대한 의식적인 노력을 기울임으로써 상대성이론과 같은 커다란 지적 성과를 얻어 내는 데 도움을 받았을 수도 있었을 것이다. 그러므로 우리가 만일 칸트의 철학에 대해 이러한 열린 자세로 대할 수 있다면, 그리하여 칸트의 성취와 함께 그 한계도 함께 읽어 낼 수 있다면, 이것은 오히려 새로운 창조를 위한 적지 않은 자양분을 제공할 수도 있으리라 생각된다. 실제로 아인슈타인이 젊은 나이에 칸트의 『순수이성비판』을 읽었다는 사실은 이 점에 대해 무엇인가 시사하는 바가 있을지도 모른다.

5

칸트 철학과 자연법칙

(1) 칸트의 순수 지성

칸트는 매우 현명하게도 자신의 철학과 자연과학 사이에 한 가지 분명한 선을 긋는다. 즉 자신의 철학이 자연과학적 논의의 바탕이 될 수는 있어도 이것은 오로지 그것의 비경험적 요소, 즉 선험적 요소에 국한한다는 것이다. 그렇기에 이것에 대한 논의 또한 경험적 지식에 의존할 수 없고, 따라서 오로지 초월적 그리고 형이상학적 논의에 국한될 수밖에 없다는 것이다. 그리하여 그는 그의 '초월적 감성학'을 마무리하면서 그 안에 포함될 내용과 포함되지 않을 내용을 제시하는 가운데, 운동과 변화에 대한 논의는 여기에 포함될 수 없음을 분명히 하고 있다.

끝으로 초월적 감성학이 이 두 요소, 곧 공간과 시간 외에 더 이상의 것을 내용으로 가질 수 없음은 감성에 속하는 여타의 모든 개념들이, 이 두 가지를 통합시키는 운동의 개념조차도, 경험적인 어떤 것을 전제한다는 사실로부터 명료하다. 운동이라는 것은 움직이는 어떤 것에 대한 지각을 전제로 하는 것이다. 그러나 그 자체로 고찰된 공간상에는 아무런 움직이는 것도 없다. 그러므로 움직이는 것은 **공간상에서 오로지 경험에 의해서만** 발견되는 무엇, 그러니까 경험적 자료여야 한다. 이와 마찬가지로 초월적 감성학은 변화라는 개념을 선험적인 자료로 계산에 넣을 수 없다. 왜냐하면 시간 자체는 변하는 것이 아니고, 시간상에 있는 무엇인가가 변화하는 것이니 말이다. 그러므로 이〔변화〕를 위해서는 여느 현존하는 것과 그들의 연이음에 대한 지각, 그러니까 경험이 요구된다.〔B 58〕

그러니까 칸트의 입장에서 보자면 운동이라든가 변화라고 하는 것들은 공간과 시간의 표상에 바탕을 두는 것이기는 하면서도 여기에 다시 경험적 요소를 가미해 논의해야 할 그 무엇에 해당한다. 그리고 이러한 논의들은 자연스럽게 그가 말하는 이성의 또 다른 영역, 곧 지성의 영역으로 넘어간다.

그러나 칸트는 지성의 영역을 논의하면서도 여전히 그 가운데서 경험적인 부분은 배제하고 그 안에서 선험적으로 주어지는 요소들에 대한 고찰에 초점을 맞춘다. 즉 우리의 사고 과정에 나타나는 모든 것에서 경험에 의해 규정되는 모든 요소들을 제외하고도 남는 나머지 순수한 내용들만 살펴보겠다는 것이다. 이러한 논의를 그는 '초월적 감성학'에 대비해 '초월적 논리학'이라 부른다.

그리하여 그는 먼저 '모든 순수 지성 개념들의 발견의 초월적 실마리'라는 항목을 설정하고 '논리적 지성 사용 일반에 대하여'라는 항목 아래 다음과 같이 언급하고 있다.

> 위에서 지성은 한낱 소극적으로만, 즉 비감성적인 인식 능력이라고 설명되었다. 그런데 우리는 감성을 떠나서는 어떠한 직관에도 관여할 수 없다. 그러므로 지성은 직관의 능력이 아니다. 그러나 직관을 제외하고 나면, 개념들에 의한 것 외에는 다른 인식 방식이 없다. 그러므로 모든, 적어도 인간의, 지성 인식은 개념들에 의한 인식이고, 직관〔각〕적이 아니라 논변적이다. 모든 직관은 감성적인 것으로 촉발에 기인하고, 그러므로 개념들은 〔능동적인〕 기능에 기인한다. 그런데 나는 기능이라는 것을, 서로 다른 표상들을 하나의 공통적인 표상 아래서 정돈하는 통일 활동이라고 이해한다. 감성적인 직관들이 인상의 수용성에 근거하듯, 개념들은 그러니까 사고의 자발성에 근거한다. 이제 지성은 이 개념들을, 그것을 가지고 판단하는 일 외에, 달리 사용할 수가 없다.〔B 92-93〕

이 인용문에서 보듯이 칸트는 지성은 개념들을 바탕으로 사고하며, 그 주된 내용은 개념과 개념을 연결하는 판단에 해당한다고 생각함을 알 수 있다. 그리하여 칸트는 순수 지성에서 나타나는 가능한 모든 판단의 유형을 살피고, 이러한 판단들의 논리적 기능에 대응하는 개념들을 몇 가지 범주로 묶어 정리한 후, 최종적으로 이들에 관련한 '순수 지성의 원칙들'을 역시 몇몇 항목으로 묶어 제시한다.

(2) 판단과 범주

제일 먼저 칸트가 제시하는 판단에서의 사고 기능에 대해 살펴보자.

만약 우리가 판단 일반의 모든 내용을 도외시하고, 오로지 판단에서의 순수한 지성 형식에만 주목한다면, 우리는 판단에서의 사고 기능을 네 항項으로 나눌 수 있고, 이 네 항이 각각 세 목目씩을 갖게 됨을 발견한다. 이 항목들은 다음의 표에서 적절히 제시될 수 있다.

① 판단들의 양量

전칭

특칭

단칭

② 판단들의 질質

긍정

부정

무한

③ 판단들의 관계

정언定言

가언假言

선언選言

④ 판단들의 양태樣態

미정未定

확정確定

명증明證   〔B 95〕

여기서 우리는 이러한 분류 자체에 대한 일반적 고찰은 생략하기로 하고, 단지 앞으로 살펴볼 과학 이론 형태와의 관련을 고려해, 제3항 '판단들의 관계', 곧 '정언' 관계와 '가언' 관계 그리고 '선언' 관계만에 주목하고자 한다. 여기서 정언 관계를 지닌 판단은

　　"무엇이 어떠하다."

의 형태를 가질 것이고, 이것은 물리학적 대상의 특성과 그 상태를 나타내는 서술 양식이 된다. 한편 가언 관계를 지닌 판단은

　　"무엇이 어떠하면, 어떠하다."

의 형태를 지니며, 이것은 물리학, 특히 고전역학과 양자역학 등 동역학들의 법칙적 서술을 나타내는 틀에 해당한다. 그리고 선언 관계를 지닌 판단은 흔히

　　"무엇이거나, 무엇이다."

하는 형태의 판단을 말하는 것이지만, 칸트의 경우에는 이에 더해

　　"무엇과 무엇은 어떠한 관계에 있다."

고 하는 이른바 '상호작용'에 대한 표현을 또한 허용한다.

그러니까 칸트는 이러한 사고의 형태가 이미 우리의 지성 안에 선험적으로 각인되어 있어서 우리는 부득이 이러한 틀을 활용해 과학 행위를 한다는 주장을 하고 있는 셈이다. 이 점에 대한 자세한 논의는 뒤로 미루고, 이 '판단들'에 대응하는 '개념들', 곧 칸트의 범주론을 살펴보자.

이렇게 해서 직관의 대상들 일반에 선험적으로 관계하는 순수 지성 개념들은, 앞서의 표에 있던 모든 가능한 판단들의 논리적 기능들 꼭 그만큼의 수효가 생긴다. 왜냐하면 지성은 논의된 이 기능들에서 완전히 드러나고, 그것으로써 그의 능력은 완전히 측정되기 때문이다…….

범주들의 표

① 양量의 범주		② 질質의 범주	
하나임 여럿임 모두임		실재성(~임, ~함) 부정성(~아님, ~아니 함) 제한성(~이지는 않음)	
③ 관계의 범주		④ 양태樣態의 범주	
내속성과 자존성(實體와 偶有性)의 관계 원인성과 결과성(원인과 효과: 인과성)의 관계 상호성(능동자와 수동자 사이의 상호작용) 관계		가능성 – 불가능성 현존성 – 부재성 필연성 – 우연성	

〔B 106〕

여기서도 우리는 이 범주 표 자체에 대한 논의는 생략하고 앞에서 우리가 관심을 모았던 '관계'에 대한 세 항목, 곧 '정언' 판단·'가언' 판단·'선언' 판단에 대응하는 범주의 세 항목인 '내속성과 자존성(實體와 偶有性)의 관계', '원인성과 결과성(원인과 효과: 인과성)의 관계', 상호성(능동자와 수동자 사이의 상호작용) 관계에 대해서만 살펴보자.

이미 앞에서 언급했듯이 정언 판단은 "무엇이 어떠하다"는 형태인데, 여기에 대응하는 범주는 실체와 우유성의 관계라고 칸트는 말하고 있다. 이는 물리학에서 말하는 대상의 특성과 그 상태의 관계를 거의 그대로 표현하는 말이다. 마찬가지로 가언 판단은 "무엇이 어떠하면, 어떠하다"의 형태를 지니는데, 이것을 칸트는 원인과 결과, 곧 인과성의 범주로 규정하고 있다. 이는 곧 물리학에서 보는 합법칙적 관계의 다른 표현이라 할 수 있다. 그리고 상호성 관계는 두 대상에 대한 선택 가능성을 말해 주기도 하지만, 여기서는 그 자신이 괄호 속에서 표시했듯이 두 대상 간의 상호작용 관계, 즉 서로 미치는 힘(영향)의 관계를 말해 주는 것이라 할 수 있다.

(3) 순수 지성의 원칙들

그런데 칸트는 다시 이러한 순수 지성에 적용되는 종합적 원칙들이 있다고 하면서 자연의 법칙들조차도 모두 이 상위의 원칙들에 종속되어야 한다고 말한다. 그것들은 오직 이 지성의 원칙들을 특수한 현상에 적용한 것일 뿐이기 때문이라는 것이다. 이제 그의 말을 들어 보자.

도대체 어디엔가 원칙들이 있다면 이는 오로지 순수 지성에서 기인하는 일일 수밖에 없다. 순수 지성은 일어나는 것과 관련해서 규칙들의 능력일 뿐만 아니라, 원칙들의 원천이기도 하다. 이 원칙들을 좇아 (우리에게 단지 대상으로 나타나는) 모든 것은 반드시 규칙들에 존속해야 한다. 왜냐하면 규칙들 없이는 현상들에 결코 그 현상들에 대응하는 대상에 대한 인식이 귀속할 수 없을 터이니 말이다. 경험적 지성 사용의 기본 법칙들로 간주된다면, 자연법칙들조차도 동시에 필연성의 표현을, 그러니까 선험적으로 그리고 일체의 경험에 앞서 타당한 근거들로부터 규정된 것이라는 추측을 적어도 수반한다. 그러나 구별할 것도 없이 자연의 모든 법칙들은 보다 상위의 지성의 원칙들에 종속한다. 그것들은 이 지성의 원칙들을 단지 현상의 특수한 경우에 적용한 것뿐이니 말이다. 그러므로 이 원칙들만이 규칙 일반을 위한 조건과 말하자면 지표指標를 함유하는 개념을 제공하고, 반면에 경험은 그 규칙 아래 귀속하는 경우를 제공한다.〔B 197-198〕

이것은 매우 강력한 주장이다. 우리의 지성 안에는 경험에 무관하게 모든 대상에 적용될 일종의 규칙 또는 원칙들이 있으며, 따라서 자연의 법칙들도 불기피하게 이 원칙을 따라야 한다는 것이다. 그런데 그러한 원칙들의 활용은 다시 두 가지로 크게 나누어진다.

순수 지성 개념들을 가능한 경험에 적용함에 있어서 그 종합의 사용은 **수학적**이거나 **역학적**이다. 왜냐하면 종합은 때로 순전히 **직관**에만 관여하기도 하고, 때로 현상 일반의 **현존**에 관여하기도 하기 때문이다. 직관의 선험적 조건들은 가능한 경험과 관련해서 철저히 필연적이지만, 가능한 경험적 직관의 대상의 현존에 관한 조건들은 그 자체로는 단지 우연적일 뿐이다. 그래서 수학적 사용 원칙들은 무조건 필연적, 다시 말해 명증적이라 하겠지만, 반면에 역학적 사용의 원칙들은 선험적인 필연성의 성격을 가지기는 해도, 오직 경험에서 경험적 사고의 조건 아래서만, 그러니까 오직 매개적으로 그리고 간접적으로만 그러하다 할 것이다.〔B 199~200〕

즉 그 하나는 순수 직관에 적용되어 수학을 낳고 다른 하나는 현상 일반에 적용되어 역학적 법칙을 낳는데, 후자의 경우에는 경험을 통해 들어오는 요인이 합쳐지므로 선험적인 필연성에 종속되면서도 경험을 통해 결정될 여지를 남긴다는 것이다.

그렇다면 이러한 원칙이란 도대체 어떻게 결정되는 것인가? 칸트는 여기에 대해 다음과 같이 말하고 있다.

범주들의 표가 우리들을 매우 자연스럽게 원칙들의 표로 안내해 준다. 원칙들이란 범주들을 객관적으로 사용하는 규칙들 이외의 다른 것이 아니니 말이다. 따라서 순수 지성의 모든 원칙들은 다음과 같다.

① 직관의 **공리들**
② 지각의 **예취**豫取**들**
③ 경험의 **유추들**
④ 경험적 사고 일반의 **요청들** 〔B 201〕

칸트가 순수 지성의 원칙들이라 해서 제시하는 위의 네 항목은 각각 네 가지 범주, 즉 **양**, **질**, **관계**, **양태**의 범주에 해당하는 것이다. 그런데 이 항목들의 명칭만으로는 이들이 어떻게 해서 이 범주들에 관련되는 것인지 머리에 잘 떠오르지 않는다. 칸트도 이 점을 의식했음인지, 이 명칭 선정에 대해 약간의 설명을 덧붙이고 있다. 그러면서 앞의 두 범주에 속하는 것과 뒤의 두 범주에 속하는 것 사이에는 일정한 차이가 있다는 말을 한다. 다시 그의 말을 직접 들어 보자.

나는 이 명칭들을 이 원칙들의 명백성과 실용성에서 차이점들이 간과되지 않도록 하기 위해 조심스럽게 선정했다. 그런데 **양**[크기]과 **질**의 범주에 따른 (우리가 오로지 이것들의 형식에만 주목한다면) 현상들의 명백성 및 선험적 규정에 관련해 볼 때, 이 범주들의 원칙들은 나머지 두 개의 것과 현저하게 구별된다는 사실이 곧 드러날 것이다. 비록 양자 모두 완전한 확실성을 갖는 것이지만, 전자들은 직관적인 확실성을, 후자들은 순전히 논변적인 확실성을 갖는 것이니 말이다. 그래서 나는 전자들을 **수학적** 원칙들, 후자들을 **역학적** 원칙들이라고 부를 것이다. [B 201]

칸트는 이렇게 원칙들에 대한 네 항목을 소개한 후, 각 항목에 대한 구체적인 내용들을 도합 아홉 개의 문장으로 제시한다. 즉 그는 처음 두 범주에 대해서는 각각 하나씩, 그리고 셋째 범주에 대해서는 전체적인 것 하나와 각 항목에 따라 각각 하나씩 이렇게 모두 네 개를 선정하며, 넷째 범주에 대해서는 전체적인 것 없이 각 항목에 따르는 것 하나씩 이렇게 세 개를 설정해, 도합 아홉 개의 원칙을 공리로 제시한다. 그러니까 칸트의 말을 따르자면, 우리는 2개의 수학적 원칙과 7개의 역학적 원칙을 가지는 셈이다. 이제 그 내용을 보면 다음과 같다.

① 직관의 공리들: 양量 개념의 객관적 사용 원칙

　모든 **직관들은 연장적 크기들이다.** [B 201]

② 지각의 예취豫取들: 질質 개념의 객관적 사용 원칙

　모든 현상들에서 **실재적인 것, 즉 감각의 대상인 것은 밀도적 크기**, 다시 말

　해 도度를 갖는다. [B 207]

③ 경험의 유추들: 관계 개념의 객관적 사용 원칙들

　경험은 지각들의 필연적 연결 표상을 통해서만 가능하다. [B 208]

　· 제1유추 - 실체 고정불변성의 원칙

　　현상들의 모든 바뀜에서도 실체는 고정적이며, 실체의 양은 증가하지도 감

　　소하지도 않는다. [B 224]

　· 제2유추 - 인과성의 법칙에 따른 시간 계기의 원칙

　　모든 변화들은 원인과 결과의 결합 법칙에 따라 일어난다. [B 232]

　· 제3유추 - 상호작용 또는 상호성의 법칙에 따른 동시에 있음 [동시성]의

　　원칙

　　모든 실체들은 공간상에서 동시에 지각될 수 있는 한에서 일관된 상호작용

　　속에 있다. [B 218]

④ 경험적 사고 일반의 요청들: 양태 개념의 객관적 사용 원칙들

　ㄱ. 경험의 형식적 조건들과 (직관과 개념들의 면에서) 합치하는 것은

있을 수 있다. 〔**가능적으로** 실존한다.〕

ㄴ. 경험의 질료적 조건과 관련되어 있는 것은 **실제로** 있다. 〔**현실적으로** 실존한다.〕

ㄷ. 현실적인 것과의 관련이 경험의 보편적인 조건들에 따라 규정되는 것은 **반드시** 있다. 〔**필연적으로** 실존한다.〕

〔B 265-266〕

(4) 칸트의 순수 지성과 물리학의 동역학적 구도

우리는 이제 순수 지성의 원칙들에 관한 칸트의 이러한 생각들이 오늘날 우리가 알고 있는 물리학 이론의 성격에 비추어 보았을 때 과연 적절한지, 그리고 이를 통해 우리가 얻어 낼 새로운 혜안이 있는지를 살펴보기로 하자.

여기서는 특히 위에서 우리가 주목해 온 두 항목, 곧 '실체와 우유성의 관계' 그리고 '인과성의 관계'에 관련된 원칙들을 중심으로 살펴나가기로 한다. 이들 두 항목은 이 원칙 체계에서 각각 제3항의 제1유추와 제2유추, 곧 '실체 고정불변성의 원칙'과 '인과성의 법칙에 따른 시간 계기의 원칙'에 반영되어 있다. 이제 그 내용을 다시 풀어 각각의 범주에 적용시켜 본다면 대략 다음과 같은 해석에 도달한다.

① 제1유추와 관련해

사물에 대한 동역학적 서술에서 가장 먼저 수행해야 할 일은 서술 대상의 선정이다. 이는 곧 '무엇'에 대한 서술이냐를 말하는 것이다. 예를 들어 태양계 내의 한 행성인 수성의 운동에 대해 서술하고자 한다면, 이 수성(의 운동)이 서술 대상이다. 그러나 물리학적 서술에서 '수성'이라고 하는 명칭은 별 의미가 없다. 그것 자체가 무엇이라고 불리건 간에 '그것의 정체성identity을 말해 줄 물리적 내용'이 무엇인지가 확인되어야 비로소 물리적 서술이 시작될 수 있다. 예를 들어 수성의 경우에는 그것의 질량과 그것이 외부(특히 태양)로부터 받는 힘이 무엇이냐 하는 것이 바로 그 물리적 내용인데, 이를 이 대상의 '특성'이라 부른다.[3] 그런데 대상의 이러한 특성은 적어도 단위 서술이 만료될 때까지는 고정된 것으로 보는 것이 동역학적 서술에서 흔히 채용하는 방식이다.

그런데 칸트가 여기서 말하는 '실체 고정불변성의 원칙', 즉 "현상들의 모든 바뀜에서도 실체는 고정적이며, 실체의 양은 증가하지도 감소하지도 않는다"는 주장을 우리가 지금 의미 있게 받아들인다면, 여기서의 '실체'는 바로 물리학에서 규정하고 있는 이 '특성'에 관여하는 것으로 해석되어야 한다. 그런데 이 특성 가운데는 (정지) 질량이나 전하와 같이 특정의 상수들로 표현되는 요소들도 있고 상호작용의 형태처럼 특정의 (함수) 형태로만 표현되는 부분도 있어서, 칸트가

---

3 이러한 특성을 나타낼 수 있는 방법은 여러 가지가 있다. 그 대표적인 것들이 라그랑지안(Lagrangian)과 해밀토니안(Hamiltonian)이다. 즉 특성을 라그랑지안 형태로 나타내고 서술해 나갈 수도 있고, 해밀토니안 형태로 나타내고 서술해 나갈 수도 있다.

말하는 '실체' 그리고 그 '실체의 양'은 이러한 상수 그리고 그 상수의 값에 해당하는 것으로 봄이 적합하다. 한편 특성 안에 들어가는 상호 작용의 형태는 칸트의 제3유추와 관련해 다시 고려하기로 한다.

흥미롭게도 칸트는 제1유추에서 '실체'實體에 대한 이야기는 하면서 같은 범주 안에 속한 '우유성'偶有性에 대해서는 아무 원칙도 천명하지 않는다. 이는 뒤집어 이야기하자면 우유성에는 고정불변성의 원리가 적용되지 않는다는 것, 즉 가변적인 것이라는 말이다. 동역학적 서술에서 이에 해당하는 개념이 바로 '상태'이므로 칸트의 제1유추의 내용을 현대적 언어로 풀어쓰자면 "실체, 즉 대상의 '특성'은 고정불변이고, 이것의 '상태'는 가변적이다"라는 말로 바꿀 수 있다. 그런데 칸트의 이 주장은 자연계 저 밖에 존재하는 '실체'와 '우유성'이 이러한 성격을 가진다는 것이 아니라, 인간의 지성이 필연적으로 이러한 원칙의 지배를 받아 작동한다는 점에 초점을 둔다. 그러니까 칸트의 이 이론을 우리가 메타이론으로 간주한다면, 칸트의 이 원칙은 "(자연에 대한 성공적 서술 양식은) 대상의 성격 가운데, 그 '특성' 즉 실체는 고정불변인 것으로 놓고, 이것의 '상태'는 가변적인 것으로 보는 서술 형태를 취한다"고 하는 하나의 큰 이론 구성의 원리를 제공하는 것으로 해석할 수 있다.

② 제2유추와 관련해

칸트의 제2유추인 '인과성의 법칙에 따른 시간 계기의 원칙', 즉 "모든 변화들은 원인과 결과의 결합 법칙에 따라 일어난다"고 하는 주장은 자연현상에 대한 모든 합법칙적 서술의 핵심을 이룬다. 그러나 여기서도 칸트의 관점은 자연계 안에 이러한 '인과성'이 존재해서가 아니라, 우리가 자연을 이해하는 지성 자체가 이러한 인과성의 원칙 아래 적용될 수밖에 없는 선험적 구조를 가졌기 때문이라는 것이다. 그리고 다시 우리가 이를 메타이론적 관점에서 재해석해 보자면 "자연에 대한 성공적인 이해 방식은 이러한 인과성의 맥락에서 이루어진다"고 하는 한 이론 구성의 원리를 천명한 것이라 할 수 있다. 그리고 이러한 원리는 현대의 동역학 안에서 "(상태의) 변화는 원인과 결과의 결합 법칙에 따라 일어난다"고 하는 '상태변화의 법칙'에 의해 구현된다. 칸트는 제2유추에서 '모든 변화들'을 언급하면서 실제 '무엇이' 변하는가를 언급하지는 않는다. 그러나 제1유추의 소재가 된 두 가지(실체와 우유성) 가운데 실체는 변할 수 없음을 선언했으므로 이 변화는 우유성, 곧 '상태'의 변화를 말하는 것이다. 그렇게 볼 경우 이 원칙은 "초기의 상태와 말기의 상태는 상태변화의 법칙에 의해 연결된다"는 말로 해석될 수 있다.

③ 제3유추와 관련해

우리가 이러한 형태로 칸트의 원칙들을 모두 수용한다 하더라도 동역학에서 요구되는 '특성' 가운데 상호작용의 형태가 설정되지 않으면 이를 상태변화의 법칙에 넣어 상태변화의 결과를 도출해 낼 수가 없다. 그런데 칸트는 이러한 상호작용을 제3유추에서 언급하고 있다. 그는 "모든 실체들은 공간상에서 동시에 지각될 수 있는 한에서 일관된 상호작용 속에 있다"고 선언한다. 이것은 구체적인 상호작용이 무엇이냐를 말해 주는 것이 아니라 상호작용이라는 것이 있어야 한다는 요청을 말하는 것이며, 따라서 동역학 이론을 설정하는 과정에서 이러한 점을 감안해 구체적인 형태의 상호작용을 찾아 나가야 함을 말해 준다.

이제 칸트 이론이 제공하는 이러한 점들을 명시적으로 고려해 우리가 앞에서 제시한 동역학의 기본 골격을 '대상의 특성 확인 과정'과 '대상의 행위 서술 과정'으로 나누어 다시 정리해 보면 다음 도식과 같다.

〈대상의 특성 확인 과정〉

대상의 실체 확인   **대상의 상호작용 확인**

(제1유추―실체 고정불변성)   (제3유추―상호작용의 법칙)

〈대상의 행위 서술 과정〉

감성의 영역(직관)   **대상의 초기 물리량**   **대상의 말기 물리량**

↓ (직관의 지성화)   ↑ (개념의 감성화)

지성의 영역(개념)   **대상의 초기 상태**   = = = =〉   **대상의 말기 상태**

↑

상태변화의 법칙

(제2유추―원인과 결과의 결합 법칙)
(대상의 특성과 상호작용으로 결정)

칸트가 말하는 순수 지성의 원칙들을 현대 물리학에 연결해 보는 과정에서 (약간의 무리가 없지는 않았지만) 대략 이러한 정도의 해석이 가능하다는 사실은 칸트의 이론이 지금도 메타이론으로서의 현실적 적용 가능성을 가지고 있음을 보여준다는 점에서 고무적이다. 즉 이것을 칸트 자신이 생각했던 대로, 그리고 이후 많은 사람들이 생각했던 대로 일방통로적인 초월적 혹은 형이상학적 논변으로 보지 않고, 과학 이론(또는 지식 일반)과의 밀접한 관련 아래 서로 영향을 주고받는, 그리하여 서로 자극하고 서로 수정해 나가는, 하나의 메타이론으로 봄으로써 이것이 훨씬 더 생산적인 기여를 할 수 있고 또 더 나은 이론으로 성장해 나갈 수 있을 것임을 보여주는 것이다.

(5) 맺는 말: 잠자는 칸트를 흔들어 깨우자

이와 같은 고찰을 통해 우리는 칸트의 철학, 특히 그의 『순수이성비판』은 결국 필자가 그간 독자적으로 천착해 왔던 현대 물리학의 메타이론적 구조와 밀접한 관계를 맺고 있음을 확인했다. 이는 칸트 철학 자체에 대한 하나의 새로운 조명인 동시에 필자가 그간 모색해 온 현대 물리학의 메타이론적 구조에 대한 측면 지원이라고 할 수 있다. 즉 초월적이라든가 형이상학적이라고 하는 외피를 걸치기는 했으나 칸트가 한 작업은 결국 과학 이론, 그리고 좀 더 넓게는 지식 일반에 대한 메타이론적 구조를 탐색한 것이었다고 말할 수 있다.

이제 여기서 결론적으로 앞서 고찰한 몇 가지 중요한 점들을 특히 최근 논의되고 있는 현대 물리학의 메타이론적 구조와 관련해 요약 정리해 보면 다음과 같다.

① 칸트는 우선 '감성'과 '지성'을 엄격히 구분하고, 모든 정보 출입의 과정을 '감성' 영역에, 그리고 이론적 서술 내용을 '지성' 영역에 국한시킴으로써, 특히 양자역학 '해석'에서 심각한 과제로 등장하는 이른바 '측정의 문제'를 풀 수 있는 단서를 제공한다. 이러한 점은 이미 '동역학적 서술'과 '메타이론적 서술'이라는 엄격한 구분을 통해 필자 및 공동 연구자들이 오랫동안 밝혀 온 양자역학의 새로운 해석 내용(장회익 1990, 장회익 1998)과 일치하는 측면이 있어서 앞으로 이 두 이론의 비교 연구에 고무적인 전망을 제공한다.

② 칸트는 다시 '감성'과 '지성'의 영역에서 '경험적인 것'과 '선험적인 것'을 구분하고, 이 선험적인 것이 인식에 기여하는 적극적인 면을 밝히는 가운데, 감성 영역에 속하는 '공간과 시간의 표상'과 지성 영역에 속하는 '순수 지성의 원칙들'이 지니는 역할을 제시하고 있다. 이러한 내용들은 약간의 수정과 보완을 거쳐 필자가 그간 제시해 온 과학 이론의 '의미 기반'과 관련시킬 수 있다. 즉 감성 영역에 속한 '공간과 시간의 표상'과 지성 영역에 속하는 '순수 지성의 원칙들'은 각각 동역학적 의미 기반(장회익 1990) 가운데 '서술 공간'과 '서술 양식'에 해당한다고 말할 수 있다. 이러한 의미 기반은 물론 직접적인 경험에 의해 마련되기보다는 대부분 '앎의 틀'이라는 형태로 의식의 저

변에 깔려 있는 것이어서 어느 시간적 단면에서 보자면 칸트가 생각한 '선험적인 것'의 성격을 지녔다고 해석할 소지가 있다.

③ 그런데 칸트와 현대 물리학 사이에 나타나는 가장 큰 차이점은 공교롭게도 칸트가 선험적이라고 보았던 내용들이 결국은 가변적인 것이었다는 점에서 나타나고 있다. 실제로 물리학에서의 가장 큰 진전이 바로 이러한 '의미 기반'의 수정을 통해 이루어졌으며, 그 결과가 바로 상대성이론과 양자역학의 출현이다. 즉 칸트의 '공간과 시간의 표상'에 해당하는 '서술 공간'의 변화에서 상대성이론이 출현했고, 칸트의 '순수 지성의 원칙들'에 해당하는 '서술 양식'의 변화에서 양자역학이 출현했다. 이는 역설적으로 칸트 이론의 생산성을 말해 주는 것이기도 하다. 칸트 이론을 흔들기만 하면 새 이론이 하나씩 튀어나오는 것이다. 잠자고 있던 칸트를 흔들어 깨웠더니 현대 물리학이 되어 나왔다고 할까?

2장

물질현상과 생명현상

I

생명이란 무엇인가

(1) 사물을 이해한다는 것

혼히 사물을 안다고 말할 때, 우리는 이를 두 가지 서로 다른 의미로
사용한다. 그 하나는 사물을 알아본다는 것이고, 다른 하나는 사물을
이해한다는 것이다. 앞의 것은 그 사물에 대한 현상적 지식을 가졌다
는 것이고, 뒤의 것은 그 사물에 관련된 현상에 대해 과학적 설명을 해
낼 수 있다는 것이다.

예를 들어 아지랑이를 알아본다는 것은 봄철 들판 표면에 피어오르
면서 아른거리는 특정 현상을 '아지랑이'라는 이름 아래 눈으로 확인
해 낼 수 있다는 것이며, 아지랑이를 이해한다는 것은 이를 다시 '지
면에 인접한 대기층의 온도가 부분적으로 상승함으로써 그 부분의 굴

절률이 불규칙하게 변화되는 현상'과 관련지을 수 있다는 것을 의미한다. 이러한 사례는 우리 주위에 많다. 가령 무지개를 이해한다는 것은 무지개라는 현상을 '대기 중의 물방울 표면에서 빛이 굴절될 때 파장별로 굴절률이 달리 나타남으로써 발생하는 현상'과 관련짓는 것에 해당하며, 마찬가지로 다이아몬드를 이해한다는 것은 이것을 '특정한 기하학적 구조(다이아몬드 구조)에 따라 배열된 탄소원자들의 집합'으로 놓고 이 집합이 나타낼 성격을 물리학적으로 산출해서 이를 다이아몬드가 지닌 현상적 성질들과 일치시킬 수 있음을 의미한다.

그렇다면 우리는 태양도 이해할 수 있는가? 사실 태양에 대한 지식은 두 가지 방식으로 진행되어 왔다. 그 하나가 태양에 대한 현상적 지식의 추구고, 다른 하나가 태양에 대한 본질적 이해의 시도다. 태양에 대한 현상적 지식이라는 것은, 예를 들어 태양을 하나의 항성, 곧 위치가 고정된 광원체로 보고 그 온도와 크기, 그리고 흑점 등 이것에 대해 확인해 낸 여러 성질을 의미하는 것인 반면, 태양에 대한 본질적 이해라는 것은, 이것을 연쇄적인 핵융합 반응을 일으키는 수소와 헬륨 원자핵들의 집합체로 보고, 이를 바탕으로 이것이 나타내는 여러 현상을 관련짓는 일을 말한다. 이렇게 함으로써, 예를 들어 이것의 출생과 사멸에 대한 설명과 함께 그 예측까지를 수행해 낼 수 있다.

바로 이러한 방식으로 현대 과학은 우주를 구성하고 있는 거의 모든 물질현상들을 확인하고 이해해 나갈 뿐 아니라, 우주의 출발 시점에서 오늘에 이르기까지 각종 물질 체계들이 어떻게 발생하고 변화되어 나가는가 하는 점에 대해서도 가장 단순한 물질의 기본 구성 요소와 이들 사이의 상호작용을 기반으로 의미 있는 설명을 시도하고 있다. 이러한 점에서 적어도 '물질현상'이라 지칭할 수 있는 대부분의 대상에 대해서는, 현대 물리학의 사물 이해 방식을 활용한 이러한 의미의 본질적 이해가 수행되고 있으며, 많은 경우 만족스런 결과를 얻고 있다.

그렇다면 우리는 이러한 방식으로 '생명'도 이해할 수 있을까? 당연히 '생명현상'도 그 바탕에 '물질현상'을 깔고 있으므로 원칙적으로, 이해되어야 함이 마땅하다. 그리고 생명체 내부에서 발생하는 그 어떤 현상도 이러한 물리적 질서를 벗어나는 일이 없음이 거듭 확인되고 있다. 그럼에도 불구하고 '생명 그 자체'에 대한 이해는 아직 만족할 만한 단계에 이르렀다고 말하기 어렵다. 그렇게 된 데는 많은 이유가 있겠지만, 그 가운데 중요한 것 하나가 바로 우리가 일상적으로 지니고 있는 생명의 개념 자체가 부적절하기 때문이라 할 수 있다. 그렇기에 우리는 먼저 현재 우리가 지니고 있는 생명 개념이 어떤 점에서 부적절한지, 그리고 좀 더 적절한 생명 개념은 어떠한 것인지에 대해 생각해 볼 필요가 있다.

(2) 우리의 일상적 생명 개념

'생명'이 무엇인지를 모르는 사람은 아마 아무도 없을 것이다. 우리는 누구나 생명이 무엇인지를 알고 있으며, 또 이 점에 대해 아무런 의심도 품지 않는다. 이는 우리가 누구에게 생명이 무엇인지를 배워서 아는 것이 아니다. 사전을 찾아보고 비로소 생명이 무엇인지를 알았다는 사람은 아직 본 일이 없다. 그런데도 우리는 생명이라는 말을 알고 있고, 또 어렵지 않게 사용하고 있다. 이것은 우리가 '시간'이 무엇인지, '공간'이 무엇인지 알고 있는 것과 비슷하다. 아무도 '시간'이 무엇인지, '공간'이 무엇인지를 따로 학교에서 배우지 않았지만, 우리 모두는 이것을 알고 있고 또 이러한 말로 서로 소통하고 있다. 이렇게 우리는 특별한 학습 과정을 거치지 않고도 일부 중요한 개념들을 경험을 통해 스스로 터득해 낸다. 이러한 개념들을, 별도의 학습을 통해 알게 되는 여타 개념들과 구분해서 자득적自得的 개념이라 부르기로 한다. 그러니까 '시간'과 '공간', 그리고 '생명'은 자득적 개념의 대표적인 사례다.

이러한 자득적 개념은 두 가지 큰 특징을 가지고 있다. 첫째는 이들은 매우 심오한 내용을 지닐 수도 있지만 그렇다고 완벽한 것도 아니라는 점이다. 우리가 지닌 '시간'과 '공간' 개념은 너무도 심오한 것이어서 칸트 같은 철학자는 이를 '선험적 *a priori* 진리'로까지 추어올렸지만, 결국 아인슈타인의 상대성이론에 의해 그 불완전성이 드러나고 말았다. 두 번째는 우리가 일단 가진 자득적 개념은 수정하기가 매우 어렵다는 점이다. 이러한 앎은 거의 무의식 속에 작용하는 것이어서 그 앎의 내용을 떠올리기가 쉽지 않으며, 따라서 의식적 검토에 의해 이를 수정하는 일이 매우 어려워진다. 일차적으로는, 이것을 바탕으로 우리의 사고가 일어나는 것이지 우리의 사고를 통해 이것이 알려지는 것이 아니기 때문이다. 상대성이론을 통해 우리의 기존 시간·공간 개념에 문제가 있음이 드러났지만, 뛰어난 물리학자들조차도 초기에는 여기에 격렬히 저항했고, 어떤 이들은 끝내 이를 받아들이지 않았던 사실이 이러한 어려움을 잘 말해 준다.

자득적 개념이 지닌 이러한 성격은 '생명' 개념의 경우에도 그대로 적용된다. 이제 우리는 우리가 기왕에 지닌 '생명' 개념은 무엇이며, 이것이 어떠한 문제를 지니고 있는지, 그리고 이를 대치할 새로운 개념은 무엇이며, 이것이 왜 받아들이기 어려운지에 대해 생각해 보기로 하자.

우리는 대체로 지구상에 있는 여러 물리적 대상들 가운데 '살아 있는 것'과 '살아 있지 않은 것'을 구분할 수 있다고 전제하고, '살아 있는 것'들이 공통적으로 나타내는 성격, 다시 말해 '살아 있음'을 특징짓는 성격을 지칭해 '생명'이라 부르고 있다. 이와 더불어 우리는 이러한 대상들이 '살아 있는 상태'에서 '살아 있지 않은 상태'로 전이되는 현상을 보고, 이를 일러 "죽는다" 혹은 "생명을 잃는다"고 말한다. 그러나 언뜻 보아 별 탈이 없어 보이는 이러한 생명 개념이 실제로는 적지 않은 문제점들을 안고 있다.

흥미롭게도 이러한 문제점 가운데 하나를 이미 200여 년 전 찰스 다윈Charles Darwin의 할아버지였던 에라스뮈스 다윈Erasmus Darwin이 잘 지적하고 있다.

불완전한 언어 때문에 새끼offspring는 새 동물이라고 불린다. 그러나 이것은 사실 어미의 한 가지branch거나 돌출 부분elongation으로 보아야 한다.

왜냐하면 태 안에 들어 있는 동물은 어미의 한 부분이거나 한 부분이었기 때문이다. 그렇기 때문에 엄격히 말하자면 이것이 출생할 때는 완전하게 새로운 개체라 할 수 없으며, 따라서 어미 체계의 일부 기질을 그대로 지니고 있다.(Darwin 1794)

이처럼 그는 어미와 새끼를 언제부터 분리된 것으로 보아야 하는가 하는 문제를 제기하면서, 이 문제를 일단 불완전한 언어의 탓으로 돌리고 있다. 하지만 이것은 사실 생명의 단위와 관련된 훨씬 더 복잡한 문제와 연관을 가지고 있다. 즉 어느 범위의 대상을 놓고 생명을 말해야 하느냐 하는 문제다. 토끼 한 마리를 대상으로 말해야 하느냐, 아니면 이 토끼를 구성하고 있는 세포 하나하나를 놓고 말해야 하느냐 하는 점이다. 상당수의 생물학자들은 세포가 생명의 기본 단위라고 보겠지만, 우리의 상식은 이들로 구성된 전체 유기체, 곧 토끼 한 마리, 소나무 한 그루가 생명을 이루는 단위인 것으로 보고 있다. 그렇다면 이 토끼 안에는 도대체 몇 개의 생명이 들어 있는가? 이 토끼 안에는 생명이 하나가 있는가, 천억 개(토끼 안의 세포 수)가 있는가, 혹은 천억＋1개가 있는가? 이것은 사실 간단한 문제가 아니다. 예를 들어, 토끼를 구성하는 세포들을 전혀 다치지 않고 그 몸 전체를 두 조각으로 나누는 기술이 있다고 해보자. 이렇게 되면 세포들은 모두 살아 있으나 토끼 자체는 이미 죽었다고 보아야 한다. 그렇다면 세포들의 생명과는 다른, 토끼의 생명이 또 하나 별도로 있었다는 이야기인가?

뿐만 아니라 살아 있는 것과 살아 있지 않은 것을 구분할 명백한 기준도 설정하기가 매우 어렵다. 예를 들어 "꺾어진 나뭇가지는 살아 있는가?" 하는 물음을 생각해 보자. 대개는, 이것을 땅에 심었을 때 정상적인 나무로 자라나느냐 아니냐를 기준으로 살아 있느냐 아니냐를 말하게 된다. 그러나 이것은 다시 어떤 여건의 땅에 어떤 방식으로 심느냐에 따라 크게 달라진다. 따라서 우리는 그 무엇이 살아 있는가 아닌가를 말하기 위해 그것 자체의 상황뿐 아니라 그것이 놓이는 외적 여건을 함께 말하지 않을 수 없는데, 그럼에도 불구하고 과연 그 대상 자체 안에 생명이 들어 있다, 아니다 하는 말을 할 수가 있는가?

이러한 문제를 해결하기 위해 우리는 생명의 '정수'精髓라고 할 만한 것이 있는지, 그리고 만일 이러한 것이 있다면, 이것이 무엇인지를 찾아낼 수만 있다면 큰 도움이 될 것이다. 만일 이런 것이 찾아진다면, 이것을 온전히 간직하고 있으면 생명이 있는 것이고, 이것을 파손했으면 생명을 잃었다고 해도 될 것이다. 또 이것이 하나 있으면 생명이 하나 있는 것이고, 이것이 둘이면 생명이 둘 있다고 할 수 있을 것이다. 실제로 현대 과학은 이러한 생명의 '정수'를 찾기 위해 노력해 왔고, 그 결과 좋은 성과를 거두기도 했다. 즉 생명체를 구성하는 '설계도', 곧 유전 정보가 DNA라는 대형 분자 속에 들어 있음을 알아낸 것이다. 우리는 이러한 DNA 분자들이 세포 하나하나 속에 모두 한 조씩 완벽하게 구비되어 있는 것을 알게 되었다. 아마도 생명의 '정수'라 불릴 만한 것이 있다면, 이 '한 조의 DNA 분자들'이 바로 이것에 가장 근접하는 것이라 할 수 있을 것이다.

그렇다면 이 '한 조의 DNA 분자들'만 가지고 있으면 생명이 있는 것이고, 이것을 잃으면 생명이 없는 것인가? 전혀 그렇지 않다. 사실상 대부분의 동식물이 죽는다고 해도 그 안에 있는 DNA 분자들은 대부분 파손되지 않고 거의 그대로 유지된다. 그래서 우리는 시체 속에서 유전자를 추출해 이른바 'DNA 검사'라는 것을 하지 않는가? 그리고 DNA 분자들만을 고립시켜 놓는다면, 그 안에서 '생명'이라 부를 그 어떤 특징도 찾아낼 수가 없다. 이것은 오히려 '살아 있지 않은 것'들이 지니는 모든 성질만 골고루 갖추고 있다고도 말할 수 있을 것이다. 심지어 이것이 '정보' 구실만을 하기 위해서도, 이것은 이미 살아 있는 세포 속에 들어 있는 아주 특정한 물질들에 둘러싸여 있어야 한다.

그러니까 앞서 말한 의미의 생명의 '정수'라고 할 만한 것은 그 어디에서도 찾아볼 수가 없다. 그렇다면 생명현상, 곧 '살아 있음'을 가능하게 해 주는 요인은 과연 어디에 있는가? 이 점에 대해 많은 견해가 있을 수 있겠지만, 지금 대부분의 사람들이 합의하는 바에 따르면 이것은 특정 물질 속에 들어 있는 것이 아니고 DNA를 비롯한 많은 물질들이 함께 모여 정교한 어떤 '동적 체계'를 이룰 수 있을 때 가능한 것이라고 말할 수 있다. 문제는 어떤 물질들이 어떠한 모임을 이루어야 '살아 있음'이라고 할 특징적인 면모가 나타나느냐 하는 것이다.

우리는 일단 '살아 있는' 세포를 그 후보로 생각해 볼 수 있다. 그렇다면 이러한 세포 '안'에 생명이 있다고 말할 수 있는가? 그렇지 않다. 이것 주위에 이것을 살아 있게 해 줄 특정의 여건이 형성되지 않는 한, 이것의 생명 활동은 유지될 수 없다. 이것만을 고립시켜 놓는다면 실제로 DNA 분자들을 고립시켜 놓는 것과 크게 다를 바가 없다. 그렇다면 '살아 있는' 유기체, 예컨대 토끼 한 마리, 소나무 한 그루, 혹은 사람 한 사람은 어떠한가? 여기에도 똑같은 논리가 적용된다. 예를 들어, 토끼 한 마리를 아무것도 없는 진공 속에 10분만 고립시켜 놓으면 그 안에서 생명이라 부를 어떤 활동도 이루어지지 않을 것이다.

우리 지구에서는 어디에나 공기가 있고 온도가 그리 크게 변하지 않으며 적절한 방식으로 영양 공급도 받을 수 있기에 우리는 건강한 몸만 있으면 어디에 가서도 살 수 있는 것으로 생각한다. 그러나 우주 안의 임의의 위치에 가져다 놓을 때 이러한 여건을 갖출 확률은 수억, 수조 분의 1도 되지 못한다. 그러니까 이러한 여건은 '당연히 있는' 것이 아니라 극히 예외적으로 있는 것이며, 또 이미 오래전부터 생명이 있지 않았더라면 만들어질 수조차 없는 것이다. 대기 중의 산소만 하더라도 거의 100퍼센트 과거 그리고 현재의 생명체들이 내뿜은 것이라는 사실이 이를 말해 준다.

(3) 온생명과 낱생명

그렇다면 무엇까지 구비되어 있어야 이제는 더 이상 외부에서 결정적인 도움을 받지 않고도 생명현상이 이루어지고 또 유지될 것이라고 말할 수 있는가? 다시 말하면 무엇까지가 구비되면 그 '안'에 생명이 있다고 말할 수 있는가? 만일 이러한 것이 구비되어 이것들이 일으킬 현상이 '살아 있음'이라 불릴 그 무엇에 해당된다면, 우리는 비로소 '그 안에 생명이 있다'는 말을 할 수 있을 것이다. 그러므로 생명의 진정한 모습은 서로 간에 긴밀한 연결망을 이루면서 그 안에 '생명현상'을 이루어 낼 이 전체 체계를 하나의 실체로 파악할 때 비로소 나타나는 것이다. 이것은 곧 생명현상이 자족적으로 유지되기 위해 필요한 모든 것을 갖춘 기본 단위에 해당하는 것이며, 이를 필자는 우리가 기왕에 지녔던 생명 개념과 구분해 '온생명'global life이라 불러 오고 있다(장회익 1988a, 1988b, 1989, 1998b).

그렇다면 이 온생명의 구체적인 모습은 어떠한가? 이를 그려 보기 위해서는 우리가 살아가기 위해 반드시 필요한 것이 무엇인가를 생각해서 이 모든 것을 다 갖추고 있는 체계의 모습을 상상하면 된다. 이것이 바로 우리의 생명이 지닌 바른 모습이며, 또 우리가 생존해 나가기 위해 알아야 할 가장 중요한 것이기도 하다. 만일 이것이 붕괴되거나 이것의 일부가 훼손되어 제 기능을 하지 못한다면 우리의 생존 자체가 불가능해진다.

다시 간추려 이야기하자면, 우주 안에는 생명현상이라 불릴 매우 특수한 현상이 존재하는데, 이것은 기본적으로 온생명이라는 형태를 갖출 때 비로소 가능해진다. 그러므로 생명이라는 것은 이 온생명이 이루어진 상태를 일컫는 말이라고 보는 것이 가장 적절하다. 이 안에서 편의상 구획되는 어떤 개체가 살아 있느냐 아니냐 하는 것은 이것이 온생명과의 정합적 관련 아래 있느냐 아니냐 하는 것이지 그 자체만의 특성을 말하는 것은 아니다.

이렇게 규정된 온생명은 더 이상 분할하면 생명현상으로의 존립이 가능하지 않다는 점에서 생명이 갖추어야 할 필수 단위임과 동시에,

더 이상 외부로부터의 결정적인 지원이 없이도 생존을 해 나갈 수 있다는 의미에서 생명이 지니는 자족적 단위이기도 하다. 이러한 맥락에서 볼 때, 우리가 지금까지 생명을 담고 있다고 생각해 온 개별 생명체들, 곧 하나하나의 세포들이나 또는 이들로 구성된 토끼나 소나무와 같은 유기체들은 온생명 안에서 온생명의 나머지 부분과 적절한 관계를 유지할 때에 한해 살아 있다고 말할 수 있는 생명의 조건부적 단위이며, 이를 '온생명'과 구분해 '낱생명'이라 부를 수 있다. 여기서 우리는 개별 낱생명으로 하여금 살아 있게 만들어 주는 외부의 여건, 즉 온생명의 나머지 부분이 이것을 구성하는 내부의 여건 못지않게 중요한 개념임을 알게 되며, 이를 일러 그 낱생명에 대응하는 '보생명'이라 지칭하기로 한다. 이러한 관점에서 볼 때, 우리는 지금까지 이러한 보생명의 역할을 도외시한 채 오로지 낱생명 자체에만 관심을 기울임으로써, 결과적으로 '낱생명 안에 있는 그 무엇'이 이들로 하여금 살아 있게 해 준다고 잘못 생각해 온 것이다.

우리의 자득적 생명 개념에 들어 있는 지금까지의 이러한 생각은 물론 명백한 잘못이지만, 그렇게 된 이유를 우리는 인간의 어리석음에만 돌릴 수는 없다. 지금 우리가 온생명이라 명명한 존재는 우리의 일상적 경험 영역에 비추어 볼 때 너무도 거대한 것이어서 이를 우리의 일상적 관념 체계 안에 담아내기가 매우 어렵기 때문이다. 이 점은 우리가 일상적 경험을 통해 4차원 시간·공간 개념을 체득할 수 없었던 사정과 흡사한 일이다.

이러한 사정을 좀 더 실감나게 이해하기 위해 개구리의 눈에 비친

'나무'의 모습을 한번 생각해 보자. 개구리의 눈에는 움직이는 것만 포착될 뿐 정지한 물체는 거의 포착되지 않는다. 그럴 경우, 개구리는 나무 전체를 파악하기보다는 흔들리는 '나뭇잎' 하나하나를 별개의 것으로 파악할 것이다. 그러나 만일 좀 더 지적인 개구리가 나타나 사물을 좀 더 깊이 이해하려 한다면, '나무'의 개념을 상정하지 않고 '나뭇잎'만을 독자적인 존재로 보아서는 안 되겠다는 사실을 알게 될 것이다. 생명현상의 경우 '나무'에 해당하는 것이 '온생명' 개념이며, '나뭇잎'에 해당하는 것이 이 온생명 안에서 규정되는 개별 생명체들, 곧 '낱생명' 개념이다. 그럼에도 불구하고 우리는 지금까지 마치도 낱생명 안에 '생명'이 들어 있는 것으로 보고 그 내용을 규정해 보려 한 데서 수많은 어려움을 겪어 왔다. 사실상 낱생명 단위에서 '이것이 살아 있느냐 아니냐 하는 것'은 '이것이 온생명과 정합적인 관계를 유지하고 있느냐 아니냐 하는 것'인데, 여기에 온생명의 개념이 누락됨으로써 어려움을 겪는 것이다. 다시 나무로 비유하자면, 잎이 살아 있느냐 아니냐 하는 것은 잎이 나무에 정상적으로 연결되어 있느냐 아니냐에 의해 결정되는데, 바로 이 '나무'라는 개념을 결여하고 있었던 셈이다.

그러니까 나무를 보는 개구리의 이러한 상황을 돕기 위해서는 나무와 나뭇잎들을 함께 볼 수 있는, 예컨대 사람의 눈과 같은 것이 필요할 것이다. 마찬가지로 생명의 이해에서 우리가 처한 이러한 상황을 돕기 위해서는 인간의 일상적 시각을 넘어서는, 예컨대 그 어떤 '우주인'의 시각이 필요하리라는 말을 할 수 있다. 물론 이러한 '우주인'은,

적어도 현재 우리가 알고 있는 한, 가까운 장래에 기대할 수가 없다. 그러나 여기에 매우 가까운 것이 존재한다. 그것이 바로 현대 과학의 시각이다. 인간의 집합적 지성으로서의 현대 과학은 인간 개개인의 시각을 크게 넘어서고 있으며, 따라서 우리는 바로 이 현대 과학의 시각을 통해 온생명의 구체적인 모습을 좀 더 깊이 알아볼 수가 있다.

2

생명에 관한 여러 관점

우리가 이제 이 온생명이 무엇인가에 대해 좀 더 자세히 논의하기 전에, 지금까지 생명에 대해 깊은 생각을 해온 다른 학자들은 생명을 어떻게 보아 왔는지, 그리고 이들의 생각이 어떤 점에서 적절하고 어떤 점에서 적절하지 못한 것인지에 대해 잠깐 살펴보기로 하자. 이러한 고찰이 곧바로 위에 언급한 온생명 개념으로 연결되는 것은 아니지만, 다른 모든 가능성을 살핀다는 의미에서 앞으로 진행할 논의에 도움이 되리라 생각한다.

(1) 라세프스키의 생명 사상

이러한 점에서 제일 먼저 소개해야 할 사람은 물리학자이면서 후에 생명 연구에 본격적으로 뛰어들었던 니콜라스 라세프스키Nicholas Rashevsky다. 라세프스키에 대해서는 이론생물학자 로젠Rosen의 책 『생명 그 자체』에 비교적 상세히 언급되어 있으며, 아래 소개하는 내용도 대체로 이에 근거한 것이다(Rosen 1991, 109~113쪽).

1899년 우크라이나 키예프에서 태어난 라세프스키는 "세계에서 가장 고집불통인 사람이 우크라이나 사람이며, 우크라이나에서 가장 고집불통인 사람이 자기 자신"이라고 말했을 정도로 우직하고 고집이 센 사람이었다. 그는 십대를 갓 벗어난 나이에 이론물리학에서 박사학위를 받고 열역학, 상대성이론, 양자이론 등에 관해 많은 논문들을 써서 명성을 얻었다. 그러다가 1920년대 후반에는 미국으로 건너가 피츠버그에 있는 한 연구소에서 물방울의 열역학에 대한 연구를 하게 되었는데, 그 가운데서도 특히 물방울이 생겨나 점점 커지다가 일정한 단계를 지나면 둘로 갈라지는 현상에 대해 관심을 가졌다. 그러던 어느 날 그는 한 생물학자에게 이러한 현상이 생물학에서 말하는 세포의 분열과 관계가 있지 않겠느냐고 물어보았다. 그러자 그 생물학자는, 세포가 어떻게 나누어지는지를 아는 사람도 없고 또 알 수도 없는데, 그것은 바로 생물학 분야에 속하는 것이기 때문에 그렇다고 대답했다. 이 말을 들은 라세프스키는 아무리 세포의 분열이라 하더라도 이것이 곧 물질현상인 바에야 물리학의 경계 밖에 놓여 있다는 것이 말이 되냐고 분개하면서, 곧바로 생물학 연구에 뛰어들었다.

일단 생물학 연구로 전환한 라세프스키는 생물현상의 물질적 기반에 대한 기본적인 이론을 구축하는 일에 진력했고, 그 자신의 표현대로 "수리물리학의 구조와 목표에 버금가는 체계적인 수리생물학을 만들어 내는" 작업에 몰두했다. 그리하여 1930년대 중반에는 이미 표면, 세포 분열, 여기excitability 문제 등에 대한 물질적 기반을 마련하는 데 크게 기여했으며, 오늘날 '자체조직'self-organization, '신경조직' neural network, '인공지능'artificial intelligence이라 불리는 분야들에서 다른 사람들보다 몇십 년이나 앞선 선구적인 작업을 수행해 냈다. 로젠의 표현에 따르면, 그는 1950년에 이르기까지 '수백 가지 방향'으로 작업들을 펼쳐 나갔고, 후대의 사람들이 이를 거듭 재발견하고 재확인해 나가기에 바빴다고 한다.

그러다가 1950년경, 그는 돌연히 "생명이란 무엇인가?" 하는 기본적인 물음에 봉착한다. 그는 유기체들의 개별적 기능을 설명하는 이론과 모형들을 만들어 나가는 가운데 오히려 생명 자체를 상실했으며, 이를 쉽게 되돌려 낼 수가 없다는 느낌을 가진 것이다. 그는 결국 생명의 본질을 이해하는 가장 중요한 방식은 개별 현상에 대한 이해를 쌓아 나가는 것이 아니라 그 전체를 한 묶음으로 파악해 낼 새로운 길을 찾아내야 한다는 자각에 이르게 되었다. 그는 물리학적 원리를 활용해 생명 안에 나타나는 여러 현상을 성공적으로 설명해 낸 많은 사례들을 열거한 뒤, 다음과 같이 말했다고 한다. "생명 이론을 구축할 목적으로 생물현상의 수학적 모형에 사용되는 물리적 법칙들을 직접 적용하는 것은…… 별로 유용하지 않을 것이다. 우리는 이에 관련되는 상이한 물리적 현상들을 연결하며 유기체organism와 유기적 세계 전체organic world as a whole의 생물학적 일체성biological unity을 나타내

줄 원리를 모색해야 한다"(Rosen 1991, 112쪽). 그의 이 발언은 정녕 온생명에 대한 강한 암시를 주는 것이지만, 섭섭하게도 필자는 아직 라세프스키에 관해 더 이상의 어떤 정보를 찾아보지 못하고 있다.[4]

(2) 로젠의 관계론적 생물학

한편, 라세프스키의 이러한 주장을 소개한 로젠은 여기에 대해 자신의 의견을 다음과 같이 부언하고 있다. "그가 여기서 말하는 것은, 유기체에 대한 분리된 서술들의 집합은 이것이 아무리 포괄적인 것이라 하더라도 이들이 엮어져 유기체 자체를 포착해 낼 수는 없다는 것이다. 이러한 종류의 분석은 유기체에 대한 바른 접근 방식이 아니라는 것이며, 이를 위해서는 그 어떤 새 원리가 요구된다는 것이다"(Rosen 1991, 112쪽). 여기서 흥미로운 점은 로젠이 위에 제시된 라세프스키의 언명을 거의 그대로 재현해 설명하고 있으면서도 이 가운데서 '유기체'에 관련된 부분만을 언급하고 있을 뿐 '유기적 세계 전체'의 생물학적 일체성에 대한 언급은 슬쩍 생략해 버리고 만다는 사실이다. 그러나 이 점은 결코 고의나 실수에 의한 것으로 볼 수가 없다. 로젠뿐

---

4 라세프스키에 대한 당대 학자들의 관심은 놀랄 만큼 냉담하다. 로젠에 의하면 사이버네틱스의 선구자인 위너(Norbert Wiener)가 라세프스키의 공헌이 수학적 재능을 지닌 사람들에게 생물과학에 관심을 갖게 한 것에 있다는 정도의 언급을 했을 뿐, 폰 노이만(von Neumann)이나 튜링(Turing), 카잘스키(Katchalsky), 프리고진(Prigogine) 등 라세프스키를 잘 알고 그의 업적에 관심을 가져 볼 만한 사람들 그 누구도 그에 대해 아무런 언급을 하지 않고 있다.

아니라 대부분의 생물학자들이 지닌 관념 속에는 생명에 대한 이해가 하나의 생명 개체, 즉 유기체의 수준을 결코 넘어서고 있지 않기 때문에 유기체에 관한 언급만이 그의 눈에 잡히는 것이다. 그리고 바로 이 점이 '유기적 세계 전체의 생물학적 일체성'을 주장했던 라세프스키의 주목할 만한 학설에 대해 거의 누구 하나 진지한 관심을 기울이지 않게 된 연유기도 하다(93쪽의 각주 4 참조).

생명의 본질을 이해하기 위해 본격적으로 나서는 로젠은 그러나 생명의 본질이 분자생물학적 이해 수준을 넘어 생명 개체의 몸soma 수준에서 이해되어야 한다고 보고, 이른바 '관계론적 생물학'relational biology을 본격적으로 제시하고 있다(Rosen 1991). '관계론적 생물학'에서는 관심의 주된 대상이 물리·화학적 성질을 지닌 생물체의 구성 요소들이 아니라 체계 안에서 체계의 여타 부분들과 일정한 관계를 맺고 있는 '성분'component들과 이들이 지닌 '기능'function이라고 본다. 여기서 '성분'이라고 하는 것은 조직의 한 단위unit of organization로서 그 자체가 하나의 사물이라고 인정될 만한 정체성identity을 지니는 동시에 이것이 속한 모 체계와의 관련 아래 그 어떤 기능을 나타낼 성격을 지니는 존재를 말한다. "우리가 만일 성분을 고립시켜 그 자체를 한 사물thing로 보면, 이것은 그 기능을 상실한다. 다시 말해 기능적 서술은 절대적인 것이 아니라 상황의존적contingent이다. 기능적 단위를 서술함에 있어서는 필연적으로 단위 자체의 외부적인 상황이 관련된다"(Rosen 1991, 121쪽).

이러한 점은 주로 물리학적 관심의 대상이 되는 '입자'의 경우와 대조된다. 입자의 경우, 외부적인 여건이 달라진다 하더라도 그 자체의 성격에 본질적인 변화는 없다. 그러나 기능적 단위, 즉 '성분'의 경우에는 그 자체로서 그 기능을 초래할 본래적·불변적 속성을 지니지 않는다. 오히려 그 성격은 그것이 속해 있는 체계가 변함에 따라 변하며, 이러한 점에서 이것은 이것이 속해 있는 모 체계로부터 새로운 속성을 부여받는 결과가 된다.

로젠은 이러한 기능적 단위들을 지닌 체계로서의 생명체는 한 유기체의 신체로 국한되지만, 그 단위들이 지닌 기능적 작용의 인과적인 고리는 서로 맞물려 있어서 유한한 물리적 분석의 대상이 되지 않는다고 본다. 그는 유기체가 지닌 이러한 성격을 '기계'가 지닌 성격과 대비시켜 '복잡성'이라고 부르며, '복잡성'을 지닌 체계는 매우 특별한 것이어서, 이것의 이해를 위해서는 물리적 서술의 범위를 넘어서는 새로운 원리의 설정이 요청될 것이라는 암시를 강하게 내비치고 있다.

그러나 로젠의 이러한 논의는 앞에서 이미 지적한 바와 같이 그의 관심 대상을 유기체 차원에 한정한다는 점에서 한계를 안고 있다. 많은 다른 연구자들과 마찬가지로 그도 생명의 본질을 생명의 표본들 samples or specimens of life인 각종 개체들이 공유하는 그 무엇에서 찾으려 하고 있다(Rosen 1991, 254쪽). 이러한 개체들 자체가 더 큰 체계 안에 놓인 상황의존적 존재로서 그 기능이 외적 상황에 결정적으로 의존한다는 점을 고려한다면, 이러한 개체 단위만으로 이것이 지닌 성격 그 자체를 완벽하게 규정할 수 없을 뿐 아니라 생명의 본질적인 성격을 이 안에서 찾아내려고 하는 것 자체가 커다란 무리를 가져오리라는 것을 쉽게 상정할 수 있으나, 로젠은 역시 이 장벽을 넘어서지 못하고 있다. 실제로 생명의 본질을 이해하려는 지금까지의 노력이 항상 실패로 돌아가는 가장 중요한 이유가 바로 생명이 이러한 개체 단위의 존재 안에 담겨 있는 그 무엇이라고 보는 데 있음을 앞에서도 여러 번 강조한 바 있지만, 로젠의 경우도 이 점에서 예외가 아니다.

(3) 마투라나와 바렐라의 자체생성성

이러한 로젠의 시도 외에도 그동안 낱생명적인 관점에서 생명을 정의해 보려는 수많은 시도가 있어 왔지만 거의 모두가 실패했는데, 그 실패의 주된 원인은 방금 언급한 바와 같이 생명이란 근본적으로 낱생명적 관점만으로는 파악될 수 없는 온생명적 성격을 가졌기 때문이다. 그렇기는 하나, 여전히 우리의 일상적인 관점에 비교적 충실하면서도 어느 정도 개념의 정교화를 꾀하고자 하는 시도들 또한 꾸준히 이어지고 있다. 이 가운데 특히 우리가 눈여겨보아야 할 것이 근자에 들어 비교적 많은 사람들의 지지를 받고 있는 마투라나Maturana와 바렐라Varela의 이론이다. 이 이론은 기본적으로 '자체생성성'이라고 하는 비교적 새로운 개념에 바탕을 두고 있다(Maturana and Varela 1980, 1998). '자체생성성'autopoiesis이라는 용어는 '자체'auto라는 말과 '생성'poiesis이라는 말의 합성어로 제안된 것인데(Maturana and Varela 1980, xvii쪽), 그들은 이것을 "물질을 자기 자신 속으로 변형시킴으로써 그 작동의 산물이 곧 자신의 조직이 되게 하는 체계"로 규정하고 있다.

이들은 특히 '조직'organization이라는 말과 '구조'structure라는 말을 애써 구분하려 한다. 이들이 말하는 '조직'이라는 것은 구성 요소 상호간의 관계에 중점을 두는 개념이며, '구조'라는 것은 이것이 물리적으로 구현될 때 그 이루어진 물리적 실체를 의미하는 개념이다. 이렇게 볼 때 마투라나와 바렐라가 중점을 두는 것은 생명의 특성이 자체생성적 성격을 지닌 조직 안에 나타난다는 것이다. 즉 살아 있는 것들은 조직을 가지고 있는데, 이 조직의 특성은 이것의 생산물이 바로 그들 자신이라는 성격을 지닌다는 것이다. 이 경우 생산자와 생산물 사이의 분리가 없어지며, 그 있음being과 그 행함doing이 구분되지 않는다고 이들은 말한다(Maturana and Varela 1998, 48~49쪽).

마투라나와 바렐라는 또한 기계machine를 "서로 사이에 일정한 관계를 만족시킬 성분들로 이루어진 하나의 기능적 단위체unity"로 규정하면서, 생명체를 자체생성적 기계로 봄이 적절하다고 말한다. 그들이 말하는 자체생성적 기계는 성분들의 생산(변형, 파괴) 과정 네트워크로 조직된 것인데, 이것이 생산하는 성분들은 (i) 그들 간의 상호작용과 변환을 통해 그들을 생산해 낸 과정 네트워크를 연속적으로 재생 및 구현하며, (ii) 그러한 네트워크로 이를 구현해 낼 위상학적 영역을 규정함으로써, 이것(기계)을 그들(성분들)의 존재 공간 안에서 하나의 구체적인 단위체가 되도록 만들어 나간다(Maturana and Varela 1980, 78~79쪽).

이들이 보는 생명체는 결국 그 조직에서 구성 성분들의 네트워크가 되는데, 이것의 작용은 첫째로 이 네트워크를 지속적으로 재생·구현시키며, 둘째로 그 구성 요소들이 서로의 역할을 상호 규정함으로써 그 네트워크 자체가 하나의 단위체가 되도록 한다는 것이다. 특히 이 두 번째 성격이 중요한데, 마투라나와 바렐라는 한때 이를 '순환형 조직'circular organization이라 부르기도 했다(Maturana and Varela 1980, xvii쪽). 전체 구성 성분들이 어우러져 서로가 서로를 떠받드는 하나의 통합체를 이룬다는 것이다. 이러한 조직의 측면과 더불어 이것이 물리적 실체로 현실 세계에 존재하기 위해서는 이를 구현할 일정한 물질적 형태를 갖추어야 하는데, 마투라나와 바렐라는 이를 이 생명 체계의 구조라 한다. 아무리 좋은 조직을 가지더라도 이것이 물질적으로 구현될 가능성이 없으면 실재하는 생명이 될 수 없으며, 반대로 동일한 조직을 지닌 체계가 서로 다른 여러 형태의 구조로 구현되는 것 또한 가능하다고 말한다.

마투라나와 바렐라의 이러한 생명 이론은 물론 그 대상으로 낱생명을 염두에 두고 마련된 것이다. 실제로 이것은 뒤에 언급할 몇 가지 중요한 난점을 제쳐 놓고 본다면, 낱생명들이 지닌 주요 성격을 근사적으로나마 잘 나타내 주는 측면이 있다. 그러나 이들이 의도한 바는 전혀 아니었지만, 이 개념은 오히려 온생명에 대해 더 적절히 적용될 성격을 지닌다. 사실 진정한 의미에서의 '자체생성성'은 온생명만의 특성이라고 볼 수 있다. 이들 자신이 말하는 바와 같이, 외부로부터 어떤 도움을 받거나 외부에 어떤 도움을 주는 것은 진정한 의미의 '자체생성성'이라 할 수가 없다(Maturana and Varela 1980, 81쪽). 이러한 도움을 주고받을 바에야 이를 굳이 '자체생성적'이라 부를 이유가 없을 것이다.

실제로 이들은 이와 대비되는 개념으로 '타체생성적'allopoietic이라는 용어를 도입하기도 한다(Maturana and Varela 1980, 81 · 135쪽).

(4) 낱생명에 적용된 자체생성성 개념의 난점

그러면 이제 마투라나와 바렐라의 자체생성성 개념이 어째서 낱생명에 대해 적절하지 않은지를 좀 더 자세히 살펴보자. 이미 언급했듯이 자체생성성은 외부로부터 어떠한 도움을 받거나 주어서는 안 되는 개념인데, 낱생명은 본질적으로 외부로부터 결정적인 도움을 받아야 유지될 수 있는 성격을 가진다. 그리고 그것의 활동 결과 또한 비단 자신의 생성과 생존만을 목표로 하는 것이 아니라 후속 세대의 부양을 포함해 많은 형태의 공생 관계를 이루는 데 이바지하고 있다. 특히 낱생명의 출생 과정은 자체생성적이라기보다는 오히려 타체생성적이라고 봄이 더 적절하며, 또 후속 세대를 남기는 과정 또한, 후속 개체를 독립된 실체로 볼 때, 대표적인 타체생성적 과정을 이룬다고 해야 한다.

더구나 세포와 이들로 구성된 유기체와 같이 서로 다른 층위에 있는 낱생명들을 함께 생각해 보면 이러한 모순이 더 선명하게 드러난다. 세포를 자체생성적 체계라고 본다면 세포 내의 모든 구성 성분들은 자체 세포만을 형성하기 위한 활동을 하는 것으로 보아야 하겠는데, 이들로 구성된 유기체의 입장에서는 이들 세포 하나하나가 모두 유기체의 성분이 되어 유기체 자체를 구성해 나가므로 더 이상 단일

세포만을 형성하는 활동으로 볼 수 없다. 다시 말해 유기체에 적용된 기준으로 보자면 세포는 자체생성성을 지녔다고 할 수 없으며, 반대로 세포에 적용된 기준으로 보자면 유기체가 순환형 조직을 가졌다고 할 수 없다.

이러한 문제점에도 불구하고 낱생명에 관련된 마투라나와 바렐라의 이 이론이 폭넓게 수용되고 있다는 점은 눈여겨볼 만한 일이다.[5] 이렇게 되고 있는 이유는 아마도 이것이 생명을 규정함에 있어서 생명현상 속에서 얻어진 현상론적 개념이 아닌 보다 본질적인 언어를 활용하고 있으며, 그러면서도 그 본질에서 경험을 통해 얻어진 우리의 일상적 관념과 부합하는 측면이 크다는 데 있지 않을까 한다. 사실 이들이 제시한 자체생성적 체계의 두 가지 특성은 근사적으로나마 거의 모든 생명체에 적용될 수 있는 성격을 지닌다.

그러나 이러한 점을 감안하더라도, 많은 연구자들의 눈에 낱생명이 결코 자체생성적일 수 없다는 이 명백한 사실이 간과되어 왔다는 점은 쉽게 납득할 수 없는 일이다. 사실 자연계에 적용되는 기본 원리의 하나인 열역학 제2법칙에 조금만 관심을 돌려 보더라도 자체생성성 개념은 원천적으로 낱생명에 대해서는 성립될 수 없음이 자명해진다. 자체생성성이란 기본적으로 입력과 출력을 배제하는 개념인데(Maturana

---

5 그 대표적 사례로 카프라는 그의 저서 『생명의 그물』에 이것을 중요한 개념으로 수용하고 있으며(Capra 1996, 95~99쪽), 마굴리스와 세이건 또한 그들의 저서 『생명이란 무엇인가?』에서 마투라나와 바렐라의 자체생성성을 생명의 정의로 채택하고 있다(Margulis and Sagan 1995, 23쪽).

and Varela 1980, 81쪽), 낱생명은 그 안에 자유에너지의 근원을 지닐 수 없기 때문에 이른바 '생성성'에 해당하는 그 어떤 동적 질서도 유지할 수 없다. 그렇기에 많은 사람들이 마투라나와 바렐라의 이 이론을 별 주저 없이 수용하는 더 본질적인 이유는 대부분의 연구자들이 생명 문제를 주로 현상론적으로 접근하면서 이것이 성립하는 원리적인 측면에 충분한 주의를 기울이지 않은 데 기인하는 것이 아닌가 하는 생각이 든다.

이들이 놓친 또 한 가지 본질적인 측면은 생명 형성 과정에 대한 원리적 고려다. 최초의 가장 단순한 낱생명 하나의 출현만을 예외로 하고 모든 낱생명들은 전 단계 낱생명들이 지닌 자기복제 기능(더 정확히는 뒤에 언급할 자체촉매적 기능)에 의해 형성되는 것이며, 또 생명현상을 유지시키는 가장 중요한 활동이 다음 단계의 낱생명 생성을 위한 자기복제 기능이라는 점을 생각할 때, 낱생명 단위의 자체생성성이라는 것은 처음부터 성립할 수 없는 성격을 띠고 있는 것이다.

3

온생명의 성격과 구현

(1) 온생명의 자체생성적 성격

마투라나와 바렐라의 이론은 단일 낱생명 중심의 현상론에 집착한 나머지 위에 언급한 두 가지 원론적인 측면을 도외시하고 자체생성성 개념을 낱생명 단위의 생명에 무리하게 적용시키려 했으며, 그 결과 엄청난 자체 모순을 스스로 드러내고 있음을 우리가 보았다. 그러나 이것이 곧 자체생성성 개념이 생명의 이해를 위해 부적절하다는 것을 의미하지는 않는다. 이것은 오히려 생명의 온생명적 성격을 말해 주는 것이며, 이를 통해 생명의 온생명적 구도를 이해하는 데 커다란 도움을 받을 수 있다. 우리가 만일 생명의 조건을 자체생성성 여부에 두기로 한다면 엄격한 의미의 자체생성성을 만족하는 체계는 우리가 앞에서 규정한 온생명일 뿐이다. 즉 더 이상 외부로부터의 결정적인 지원을 받지 않고도, 생명 활동을 유지하는 체계만이 이러한 조건을 만족시킨다. 실제로 온생명은 그 내부에 여러 층위의 낱생명들을 담고 있어서 각각의 낱생명들은 상위 낱생명을 포함한 온생명의 나머지 부분, 곧 이것의 '보생명'의 지원을 받아 생명 활동을 지속하게 된다. 즉 이들은 그 보생명과의 정상적인 관계를 전제한 상황 아래에서만 제한적 의미의 자체생성성을 나타내게 된다. 이제 만일 자체생성성을 하나의 원으로 표현한다면 온생명만이 하나의 독자적인 원을 형성하며, 나머지 모든 층위의 낱생명들은 온생명 또는 상위 층위의 낱생명을 나타내는 원들이 전제된 가운데 이 원들에 내접하는 형태의 원으로 표현할 수 있다.

이제 이러한 구조를 도식적으로 나타내 보면 〈그림 1〉과 같다. 이 도형 안에 있는 큰 원 A는 온생명의 경계를 나타내며, 그 안에 내접하고 있는 두 작은 원 B와 C는 이를 바탕으로 형성된 두 층위의 낱생명들을 나타내고 있다. 여기서 예컨대 작은 원 C가 나머지 두 원 B와 A에 접하는 것으로 그린 것은 C로 나타낸 낱생명은 그 자체로서 자체생성성을 지니지는 못하나 A와 B로 표시된 더 큰 단위의 생명체에 의존하는 형태로 제한적 의미의 자체생성성을 지님을 나타낸다. 오직 세 개의 원 A, B, C를 모두 포함하는 전체로서의 생명 A, 곧 온생명만이 더 이상 외부의 원에 의존하지 않는 완벽한 의미의 자체생성성을 지닌다.

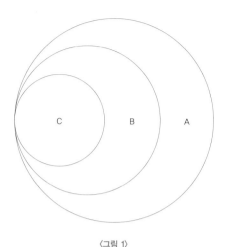

〈그림 1〉

자체생성성을 중심으로 보는 생명의 구조: 큰 원 A는 온생명의 경계를 나타내며, 그 안에 내접하고 있는 두 작은 원 B와 C는 이를 바탕으로 형성된 두 층위의 낱생명들을 나타낸다.

온생명에 대한 이러한 구조는 물론 두 층위에 속하는 낱생명들과 전체로서의 온생명 사이의 관계만을 보여주는 단순화된 도식이다. 특히 이 도식에서 표현되지 않는 것은 각각의 낱생명들이 지니는 자기 복제 성격, 즉 앞선 세대의 낱생명과 후속 세대의 낱생명 사이의 관계다. 이러한 관계는 시간적 계기를 가지는 것이어서 공간적 도형으로 표시하기에는 어려움이 있으나, 온생명을 나타내는 큰 원주에 내접하면서 접선 방향으로 서로 간에 연접하는 작은 원들이 시간적 계기에 따라 세대를 이어 가는 낱생명들인 것으로 약정하고, 이를 도형으로 나타내 본 것이 〈그림 2〉다.

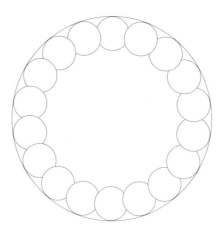

〈그림 2〉

온생명과 자기복제 기능을 지닌 단일 층위의 낱생명들 사이의 관계: 바깥의 큰 원은 온생명의 경계를 나타
내고, 그 안에 내접하며 서로 연접하고 있는 작은 원들은 온생명 안에서 자기복제 기능으로 연결된 한 계열
의 낱생명을 나타낸다.

　〈그림 2〉는 온생명과 자기복제 기능을 지닌 단일 층위의 낱생명의 관계를 표시한 것이며, 〈그림 1〉은 온생명과 두 층위의 낱생명 관계를 표시한 것이므로, 자기복제 기능을 지닌 복수 층위의 낱생명을 포함하는 보다 완전한 온생명의 모형도는 이 두 도형을 결합한 복합 도형의 형태로 나타낼 수 있을 것이다. 이러한 모형도를 통해서 생각할 때, 낱생명이란 그 자체가 아무리 완전한 자족성과 단위성을 지니려 해도 온생명과의 접점을 지녀야 하며, 또 그 자체가 완전한 원형이 아니라 약간의 중첩을 가지고 서로 연접하는 단위가 되어야 함임을 피할 수가 없다.

(2) 온생명의 구현

이미 언급한 바와 같이 마투라나와 바렐라는 생명의 '조직'과 '구조'의 개념을 구분하고, 특정 조직을 지닌 생명이 물리적으로 구현되기 위해서는 이러한 조직에 맞는 물질적 구조가 이루어져야 함을 말하는데, 같은 이야기를 온생명에 대해서도 그대로 말할 수 있다. 지금까지 우리가 논의한 내용이 대체로 온생명의 '조직'에 해당하는 이야기였다면, 우리는 이제 온생명의 현실적 구현에 해당하는 물질적 '구조'에 대해 살펴보아야 한다.

우리는 앞에서 온생명을 생명현상의 존립을 위해 더 이상 분할할 수 없는 최소의 단위임과 동시에 더 이상 외부로부터의 지원이 필요 없는 생명의 자족적 단위라고 규정했다. 그런데 이러한 온생명이 현실 세계 안에 존재하기 위해서는 이러한 성격을 만족할 물질 체계가 현실 세계 안에서 만들어질 수 있어야 한다. 그렇다면 구체적으로 어떠한 물질 체계가 이러한 온생명의 성격을 만족시킬 수 있는가?

이 문제에 대한 해답은 오직 물질계의 보편적인 존재 양상과 이들 사이에 적용되는 인과적 과정에 대한 포괄적인 이해를 지닌 과학적 안목을 통해서만 추구될 수 있다. 동시에 우리는 현재 우리에게 허용되는 최선의 지식을 넘어서는 그 어떤 해답도 기대할 수 없다. 따라서 우리는 불가피하게 현대 과학이 허용하는 범위에서의 해답만을 추구하며, 앞으로 우리의 과학 지식이 진전되면 그에 따라 우리의 해답도 수정되어 나가는 형태를 취할 것이다. 이제 이러한 점을 염두에 두면서 오늘 우리가 그려 볼 수 있는 온생명의 구체적인 모습을 살펴 나가 기로 하자.

이를 위해 우리는 자연의 기본 법칙을 적어도 현재 우리가 이해하고 있는 범위 안에서 완전히 이해하면서도 지구인이 지닌 특정의 시각에 구애되지 않는 어떤 '우주인'이 존재한다고 가상하고, 이들의 눈에 우리 생명이 어떻게 보일 것인가를 생각해 보는 것이 유익하다. 앞에서도 잠깐 언급했듯이, 이러한 우주인은 결국 현대 과학이 지닌 집합적 안목을 대변하겠지만, 일단 이렇게 의인화함으로써 우리 자신이 지닌 각종 선입관을 벗어나 제3자의 시각을 통해 바라보는 일종의 간접 체험에 이를 수 있을 것이다.

아직 생명이 출현하지 않은 우주의 여러 곳을 다니며 자연을 구성하는 모든 것의 존재 양상을 충분히 익힌 이 '우주인'이 생명현상이 발생하고 있는 우리 지구를 방문한다면, 그들의 눈에는 과연 우리 생명이 어떻게 비칠까? 이들은 아마도 생명이라고 하는 이 신기한 현상이 도대체 어떠한 사유로 있게 되었고, 또 어떠한 사유로 지속되고 있는가 하는 점에 관심을 모을 것이다. 그리고 그 해답을 다음과 같은 두 측면에서 추구할 것이다. 첫째는 이러한 체계를 창출하고 유지하기 위한 자유에너지를 어떻게 마련하는가 하는 점일 것이고, 둘째는 이러한 정교한 체계 자체가 과연 어떠한 물리적 과정을 통해 마련되느냐 하는 점일 것이다.

이 첫 번째 측면에 대한 해답은 이미 100여 년 전인 1886년에 유명한 물리학자 루트비히 볼츠만Ludwig Boltzmann에 의해 마련되었다. 그는 열역학 제2법칙에 관한 글 속에서 다음과 같이 말하고 있다.

> (그러므로) 생명체가 생존하기 위해 애쓰는 것은 원소들을 얻기 위해서가
> 아니다. ─유기체를 구성하는 원소들은 공기와 물, 그리고 흙 속에 얼마든
> 지 있다. 에너지를 얻기 위해서도 아니다. ─이것도, 불행히 형태가 잘 바
> 뀌지는 않지만, 열의 형태로 물체들 속에 얼마든지 있다. 오히려 엔트로피
> 〔더 정확히 말하면, 부-엔트로피negative entropy〕를 위해서다. 이것은 뜨거운 태
> 양에서 차가운 지구로의 에너지 흐름을 통해 얻을 수 있다.(Boltzmann
> 1886)[6]

지금까지 생명의 이해를 위해 씌어진 글들 가운데 아마도 이 한마
디 말만큼 깊은 직관이 담겨 있는 글은 찾아보기 어려울 것이다. 슈뢰
딩거는 그의 책 『생명이란 무엇인가?』(Schröinger 1944)에서 볼츠만의
바로 이 부-엔트로피negative entropy 개념을 채용하면서 "생명이란
부-엔트로피를 먹고사는 존재"라고 하는 유명한 말을 남기기도 했다.
요즈음에는 이들이 말한 부-엔트로피 개념 대신에 자유에너지 개념
이 더 잘 동원되지만, 그 의미하는 바에서는 큰 차이가 없다. 열역학
제2법칙을 활용하면 뜨거운 태양에서 상대적으로 차가운 지구로 에
너지가 전달될 때 적절한 장치만 마련되면 전해진 에너지의 상당 부

6　이 인용문은 E. Broda, *Ludwig Boltzmann: Man–Physicist–Philosopher*, Woodbridge,
Connecticut: Ox Bow Press (1983), 79~80쪽에서 재인용한 것임.

분을 자신에게 필요한 자유에너지로 전환시킬 가능성이 있다는 사실을 쉽게 증명할 수 있으며[〈부록 1〉 참조], 이 점이 바로 생명의 존재는 태양과 같은 항성과 지구와 같은 행성으로 이루어진 체계 안에서만 가능해지는 이유라 할 수 있다.

엔트로피 혹은 자유에너지에 관한 이런 원론적인 문제가 해결된다 하더라도 두 번째 문제, 곧 이러한 가능성을 현실화시키기 위해서는 매우 정교한 장치가 마련되어야 하는데, 이것이 어떻게 가능하냐 하는 문제는 여전히 남는다. 이 문제는 에너지의 흐름이 존재하는 비평형 상황에서는 물질들이 요동치는 가운데 우연에 의한 자체촉매적 국소 질서의 형성이 가능하다는 사실에서 그 실마리를 찾을 수 있다. 공간의 어느 부분에서 아주 작은 규모의 물질적 구조물이 우연히 형성되어 일정 기간 동안 자신의 존속에 유리한 기능을 수행해 가며 유지되는 일은 흔히 발생한다. 하지만 단편적인 이런 구조물의 형성만으로는 오직 한시적 질서의 명멸만이 있을 수 있을 뿐, 높은 수준의 질서를 축적시켜 나갈 수가 없다. 그러나 만일 이 구조물이 자신과 대등한 구조물을 형성시키는 데 기여하는 이른바 자체촉매적 기능을 지닌 것이라면 이야기는 사뭇 달라진다. 즉 그 어떤 우연에 의해 비교적 간단한 구조를 지닌 자체촉매적 국소 질서가 하나 나타나 이것의 존속 기간 내에 자신과 닮은 체계를 한 개 이상 형성시키는 데 기여할 수 있다면, 시간이 지남에 따라 이러한 체계의 수는 기하급수적으로 증가하다가 전면적인 물질적 상황의 한계에 이르러서야 머물게 될 것이다.

이러한 성격을 지닌 구조물을 우리가 '개체'라 부르기로 한다면, 이러한 개체들은 물질적 상황이 허용되는 범위 아래 지구의 전 영역에 걸쳐 계속 생성 소멸되면서 사실상 무제한의 존속을 유지하게 된다. 여기에 다시 변이와 선택이라는 이른바 다윈의 진화 메커니즘이 가미되면, 여전히 자체촉매적 기능을 지닌 변이 개체와 함께 서로 간의 협동을 통한 상위 개체들이 형성될 수 있을 것이며, 이러한 과정이 거듭 반복됨으로써 오늘 우리가 보는 바와 같은 다양한 형태의 개체들이 출현하게 된다. 이러한 상황이 발생할 확률에 대해서는 〈부록 2〉에서 좀 더 자세히 논의한다.

상황이 이러한 단계에 이르면 우리는 생명현상이 발생했다고 말할 수 있으며, 이를 가능하게 하는 전체 체계를 '온생명'으로, 그리고 이때 발생하는 각 단계의 개체들을 '낱생명'으로 구분해 부를 수 있다. 여기서 이 온생명에 속하는 모든 낱생명들은 온생명과 분리되어서는 생존할 수 없는 의존적 성격을 지니며, (더 이상 외부의 상황에 의존하지 않는다는 점에서) 자족적 성격을 지닌 온생명 또한 그 생존이 무제한적으로 보장되는 것이 아니라 이를 이루는 내적 구성 요소들 간의 정교한 조화에 의해 온생명으로서의 기능을 유지해 나가게 된다. 이러한 점에서 우리는 또한 낱생명과 온생명의 '건강' 문제를 생각해 볼 수 있다. 이들 모두가 건강을 훼손할 수 있을 뿐 아니라 사멸할 수도 있는 존재들인데, 대체로 낱생명의 건강은 낱생명의 내적 상황과 외적 상황 모두에 결정적으로 의존하는 것임에 반해, 온생명의 건강은 외계로부터의 특별한 충격이 없는 한 온생명의 내적 상황에 주로 의존하게 된다.

결론적으로, 생명현상이 존재하기 위해서는 우주의 어느 한 곳에 '온생명', 곧 외부의 아무런 도움 없이 생명현상이 자족적으로 지탱해 나갈 수 있는 최소 여건을 갖춘 물질적 체계가 이루어져야 하는데, 이것은 현실적으로 태양과 같은 항성과 지구와 같은 행성 체계가 이루어지고, 그 안에 적정의 물질적 여건이 갖추어짐으로써 변이 가능한 자체촉매적 국소 질서가 형성되어 협동적 진화가 이루어지는 상황을 의미한다. 우리가 속한 '지구 온생명'은 대략 40억 년의 이러한 과정을 거쳐 오늘과 같은 생태계를 이루어 냈으며, 그 안에는 오늘날 자기의 과거와 미래를 포함해 우주의 전 모습을 파악할 뿐 아니라 스스로 주체의식을 지니고 진정한 삶의 의미가 무엇인가를 고민하며 끝없는 정신세계까지 열어 나가는 인간이라는 독특한 형태의 '낱생명'들까지도 포함하고 있다.

4

온생명, 생태계, 생물권, 가이아

여기서 잠시 이러한 '온생명' 개념이 기왕에 설정된 학술 용어들인 '생태계'ecosystem라든가 '생물권'biosphere 등의 개념과는 어떠한 차이가 있는지, 그리고 러브록Lovelock에 의해 제안되어 근자에 널리 유포되고 있는 '가이아'Gaia라는 말과는 어떤 차이가 있는지를 잠시 살펴볼 필요가 있다. 이것이 만일 기왕의 이러한 용어들과 큰 차이가 없는 것이라면 굳이 새 용어를 도입해 혼란을 야기할 필요가 없을 것이기 때문이다.

(1) 생태계

먼저 '생태계' 개념과 관련해 이야기하자면 이는 흔히 생물적 그리

고 비생물적 환경을 포함한 하나의 상호작용하는 생물 군집community
으로서 특히 이들 사이의 생태적 관계, 즉 환경을 통해 유입되고 전환
되는 에너지의 흐름에 초점을 맞추어 서술되는 체계라고 말할 수 있
다.[7] 이를 다시 온생명의 관점에서 풀이해 보면, 온생명의 한 주요 기
능인 생태적 기능을 중심으로 이를 수행하고 있는 하나의 체계라는
입장에서, 일군의 낱생명들과 그 인접한 보생명의 관계를 나타내는
개념이라 할 수 있다. 그러므로 만일 태양까지도 포함한 지구 생태계
전체를 말한다면, 이는 그 지칭되는 물리적 대상에 있어서 온생명을
구성하는 물리적 대상과 대체로 일치한다고 볼 수 있다.

그러나 생태계 개념 속에 내포된 생명 이해의 양식은 역시 낱생명
을 기본으로 보고, 이들이 모여 이루어 나가는 공동체적 집단이라는
것 이상으로 생명의 개념 자체를 확대해 나가려는 자세는 지니지 않
는다. 다시 말해 생태계라는 것은 어디까지나 개체적 단위들로 구성
된 하나의 체계일 뿐이지, 그 자체가 또 하나의 그리고 보다 본질적인
생명의 기본 단위를 이루는 것은 아니라고 보는 입장이다. 그러므로
설혹 그 지칭하는 대상이 동일하다 하더라도 어떠한 입장에서 개념화
하느냐에 따라 그 함축하는 내용에는 엄청난 차이를 가져올 수 있다.
예를 들어 '고양이'라는 명칭을 취할 때와 '고양이 세포'라는 특정한
성격을 지닌 세포들의 체계라는 입장에서 '고양이 세포계'라는 명칭

---

7 생태계의 정의에 관해서는 표준 생물학 교재를 참조할 것. 예: Wallace, Sanders and Ferl
   1991, 1165~1178쪽.

을 사용할 때, 그 지칭하는 대상의 물리적 내용은 동일할 수 있겠지만 이들이 함축하는 의미는 엄청나게 서로 다른 것이다. '고양이'라고 한다면 그 안에 고양이 세포들과 이들의 관계로 이해될, 예컨대 세포생리적 측면 외에도 행동적 측면, 기타 다양한 여러 의미를 담고 있으나, '고양이 세포계'라고 한다면 이러한 대부분의 의미가 상실되고 마는 것이다.

더구나 이들 개념이 지닌 통시적 정체성identity의 측면에서 보면 이들 사이의 차이는 더욱 커진다. 우리가 하나의 '사람'을 지칭할 때 이는 출생 이후 현재까지의 통시적 정체성을 가진 존재로 인정하듯이, '온생명'이라고 할 때 우리는 출생 이후 40억 년이란 연륜을 지닌 하나의 지속적 존재로 인정하나, '지구 생태계'라 하면 이는 대체로 공시적 존재로서의 양상을 나타낸다고 할 수 있다.

(2) 생물권과 가이아

생태계와는 다소 다른 의미를 지닌 개념으로 '생물권'이란 용어도 종종 사용된다. 학술적으로는 지구상의 생물들이 놓여 있는, 그리고 이들의 생존을 위해 필요로 하는 모든 물질들이 놓여 있는 지구상의 전 영역을 생물권이라 정의한다(Wallace, Sanders and Ferl 1991, 1134~1138 쪽). 그러므로 지구의 어느 한 부분이 생물권에 포함되느냐 아니냐 하는 것은 이 부분의 물질이 생물의 생존을 지탱하는 일에 얼마나 의미 있게 기여하느냐 아니냐 하는 데 달려 있다. 예컨대 지구의 표면을 이루는 땅과 물, 그리고 생물의 생존에 관계되는 영역까지의 대기가 이에 포함되나, 지각 내부의 맨틀이라든가 성층권에 속하는 대기들은 일단 생물권에 속하지 않는 것으로 본다. 여기서 물론 태양 자체를 포함시켜야 하느냐 아니냐 하는 것은 관점에 따라 다르겠지만, 여기에 유입되는 태양에너지를 포함해야 하는 것은 필수적이다.

이렇게 볼 때 생물권이란 지구 생태계를 구성하는 대상 전체의 물질적 소재 및 그 분포 양상을 총칭하는 내용이라 할 수 있으며, 이러한 점에서 온생명의 '신체적' 구성에 가까운 개념이라고 말할 수 있다. 그러나 이것으로 온생명 개념을 대치시킬 수 없는 것은 마치도 '사람'의 개념을 '인체'의 개념으로 대치시킬 수 없는 것과 같다.

그런데 이와 관련해 한 가지 주의를 기울이고 지나가야 할 점이 있다. 이는 즉 샤르댕Teilhard de Chardin에 의해 그 의미가 크게 심화된 좀 다른 의미의 '생물권' 개념이 존재한다는 것이며, 이는 다시 좀 더 후에 나타난 '가이아' 개념과 흡사한 측면을 지닌다는 점이다. 잘 알려진 바와 같이 샤르댕은 그 자신 가톨릭 사제인 동시에 지질생물학자로서 생명을 진화적·우주적 관점에서 이해해 온 사상가다.[8] 샤르댕의 말을 따르면 '생물권' 개념은 슈스Suess에 의해 처음 창안되었고, 베르나드스키Vernadsky에 의해 생명을 포함하는 지구상의 권역으로 해석

8　1995년 봄호 『자이곤』(Zygon) 지(Zygon Vol. 30: March 1995)는 샤르댕의 생애와 사상에 대한 특집을 내고 있다. 특히 여기에 게재된 갈레니의 논문(Galleni 1995)은 샤르댕의 생물권 개념을 재조명하고, 이것과 러브록의 가이아 개념(Lovelock 1979)과의 관계에 대해 논의하고 있다.

된 것인데, 자기 자신은 이를 "지구를 둘러싼 생명화된vitalised 물질의 실제 층위"라는 의미로 사용한다고 한다(Teilhard de Chardin 1964, 163쪽). 그런데 이 점과 관련해 갈레니가 분석한 바에 의하면, 그는 여기서 지질학적·생물학적 요소들 사이의 상호작용 관계를, 전체로서 그리고 대규모로 살펴야 할 주요 대상으로 삼았다고 한다. 그리하여 결국은 항상성homeostasis 유지라는 주요 기능을 지닌 하나의 유기체로 연결된다는 러브록의 '가이아' 가설에 매우 가까이 접근한다는 것이다(Galleni 1995).

여기서 중요한 점은 물론 샤르댕의 생물권 개념이 러브록의 가이아 개념과 얼마나 유사한가 하는 점에 있는 것이 아니라, 이러한 개념들이 우리가 제시하는 온생명 개념과 어떠한 공통점과 차이점을 가지는가 하는 점이다. 러브록의 가이아 가설이 지니는 중요한 점은 이것이 생명을 보는 새로운 관점이라기보다는 그가 '가이아'라 명명한 이러한 생물권이 종래에는 생물체 안에서만 볼 수 있었던 항상성 유지라는 특수한 성질을 가지고 있다는 사실을 지적하고 있다는 점이다. 이에 반해 우리가 말하는 온생명 개념은 기본적으로 이러한 성격을 지니느냐 아니냐 하는, 그리하여 일종의 '유사 생명체'로 볼 수 있느냐 아니냐 하는 점과 무관하게, 이러한 전일적 단위로서의 생명이야말로 진정한 의미의 생명이라고 하는 데 강조점이 있다.

온생명의 관점에서 보면 샤르댕의 생물권이나 러브록의 가이아가 모두 온생명의 '신체'가 지닌 한 국면을 대표하는 개념들이라 할 수 있으며, 이 이론들이 보탬이 된다면 이는 온생명의 '신체'가 지닌 (어쩌면 매우 중요한) 일부 특성들을 밝혀 주었다는 점일 것이다. 한편 샤르댕의 생물권 개념이나 러브록의 가이아 개념은 '정신'마저도 지니고 있는 온전한 생명체로서의 의미를 지니는 데까지는 이르지 않는 것으로 보인다. 샤르댕은 특히 '생물권' 개념에 이어 다시 독자적인 '정신권'noosphere 개념을 도입함으로써 인간을 통해 나타난 정신 또는 마음의 세계가 생물권과는 별도로 존재하는 것으로 보려는 입장을 취하고 있다(Teilhard de Chardin 1956). 그러므로 그의 이러한 개념들과 온생명을 관련짓자면, 우리 온생명은 그 '신체'로서 그가 말하는 '생물권'을 지니며 그 '정신'으로서 그가 말하는 '정신권'을 지니는 하나의 성장해 가는 전일적 생명이라고 말할 수 있다. 한편 러브록은 가이아와 인간 정신의 관계를 명시하고 있지는 않으나, 그의 가이아 개념에는 주로 지구물리 및 지구화학적 성격의 측면이 강조되고 있어서, 역시 이것이 인간에게 나타난 정신세계까지를 함축한다는 암시는 찾아보기 어렵다(Lovelock 1979, 1988). 오히려 그는 가이아 개념을 인간 밖에 있는 그 무엇인 것으로 의인화함으로써 인간 정신과는 다른 그 어떤 별개의 정신적 존재인 듯한 기미마저 풍겨 준다(장회익 1992).

결론적으로, '생태계'라든가 '생물권' 그리고 '가이아'라는 개념들이 온생명이 지칭하는 일부 내용을 담고 있는 것이 사실이지만, 적어도 온생명 개념이 지시해 주고자 하는 생명의 본질에 관련된 핵심 내용을 담아내지는 못하고 있다. 특히 이들 대부분의 개념들이 이미 낱생명 중심의 생명관을 받아들이는 가운데 이의 부족을 보완하는 입장에 서 있는 것임에 반해, 온생명의 경우에는 이를 완전히 뒤집어서 온생명이야말로 진정한 의미의 생명이며 낱생명이 오히려 이에서 파생되는 부수 개념이라고 보는 사고의 전환을 시도하고 있다. 따라서 굳이 이들 기존의 용어들을 채용해 새 내용을 표현하려 한다면 이들이 지칭하는 내용에 대한 본질적인 수정이 가해져야 할 것인데, 내용상의 이러한 수정을 해 가면서까지 굳이 기존의 용어들을 빌려 쓸 필요는 없을 것이다. 더구나 이들 용어는 이미 나름대로의 구체화된 내용을 지니고 있는 것이므로 이를 임의로 변용시키는 것도 옳은 일이라 하기 어렵다.

5

맺는 말: 생명의 존재론적 구조

(1) 생명을 보는 두 관점

지금까지의 논의를 통해 우리는 생명을 보는 두 관점이 가능함을 알게 되었다. 그 하나가 낱생명 중심의 관점으로 생명을 낱생명의 성격 안에 귀속시키는 입장이며, 다른 하나는 온생명 중심의 관점으로 낱생명의 존재를 인정하면서도 생명의 중요한 특성을 온생명 전체를 통해 파악하려는 입장이다. 사실 이것은 두 가지 가능한 관점이며 또 근본적으로는 정의定義의 문제에 해당할 것이므로, 어느 것이 옳고 어느 것이 그르다는 이야기를 할 수 있는 것이 아니다. 그럼에도 불구하고 우리는 어떠한 관점을 택하는 것이 '나' 자신을 포함한 사물의 이해를 위해 더 적절한 것인가를 논할 수는 있다.

이제 이러한 논의를 위해 우리에게 잘 알려진 코끼리의 비유를 한 번 생각해 보자. 여기서 낱생명 중심의 관점은 코끼리의 전모를 보지 못하고 코끼리의 다리, 코끼리의 등, 코끼리의 코만을 살펴보고 이것이 바로 살아 있는 코끼리라 생각하는 시각 장애인들의 입장이라고 한다면, 온생명 중심의 관점은 코끼리 전체를 한눈에 내다볼 수 있는 시각 소유자의 입장이라 할 수 있다. 이러한 경우 그동안 촉각에만 의존해 오던 시각 장애인들이 그 어떤 방식에 의해 코끼리의 전모에 대한 일정한 이해에 도달했다면, 이들은 어떤 입장을 취할까? 이들은 여전히 이 전체 코끼리는 자기들이 기왕에 생각해 왔던 코끼리와는 다르므로 이것은 코끼리가 아니라는 주장을 펼 수도 있다. 적어도 논리적으로는 이것을 반박할 방법이 없을 것이다. 무엇을 코끼리라고 부르느냐 하는 것은 단지 명칭의 문제일 뿐 본질의 문제가 아닐 것이기 때문이다.

그러나 여기서 중요한 것은 '코끼리'라는 이름 그 자체가 아니라 그것이 지칭하는 대상의 존재 양상이다. 코끼리의 다리나 코끼리의 코는 필히 코끼리의 나머지 부분과 함께해야 그 기능이 유지되는 존재임에 반해, 전체 코끼리는 그 주변 여건에 대해 상대적으로 자유로운 존재라는 점에서 차이를 가진다. 바로 이러한 점에서, 낱생명 중심의 기존 '생명' 개념이 코끼리의 다리나 코끼리의 코를 보고 '코끼리'라고 부른 개념에 해당하는 것이라면, 온생명 중심의 새 '생명' 개념은 코끼리의 전모를 포함하는 '코끼리'를 코끼리라고 부르는 개념에 해당한다.

물론 이러한 비유는 과장된 측면이 있다. 낱생명 중심의 생명 개념이 코끼리의 다리나 코끼리의 코에 해당한다고 말할 때는 이것이 온생명의 나머지 부분과 정합적 연계를 맺어야 한다는 점을 강조하기 위한 것이지만, 실제 낱생명들은 대부분의 경우 코끼리의 다리나 코에 비해 독자적인 운신의 폭이 넓은 것이 사실이다. 특히 낱생명 안에 귀속시키는 생명 개념의 경우, 이것이 낱생명의 조직에 해당하는 국소적 질서의 붕괴 단위가 된다는 점에서 오로지 기능적인 단위만에 한정되는 코끼리의 다리나 코끼리의 코와는 다른 성격을 가진다. 이것이 바로 우리가 낱생명을 의미 있는 존재 단위로 생각하는 중요한 이유기도 하다. 온생명 안에 형성된 질서들은 지속적으로 부분적인 생성과 붕괴가 이루어지는 가운데 유지되고 있는데, 이 생성과 붕괴의 단위가 바로 각 층위에 나타나는 낱생명에 해당하는 것이다. 특히 낱생명의 이러한 붕괴는 결과적으로 낱생명 내적 조직의 결함을 동반하지만, 이러한 결함을 가져오는 원인은 낱생명 내적인 것이라기보다는 낱생명과 그 보생명 사이의 관계, 즉 온생명적인 것이라고 보아야 한다. 이는 곧 질서, 즉 살아 있음을 뒷받침해 주는 그 무엇은 낱생명 안에서만 찾을 수 없고 낱생명과 그 보생명의 관계 속에서 찾아야 한다는 이야기로 되돌아간다.

그러므로 생명을 이야기함에 있어서 이를 국소 질서 그 자체를 지칭하는 것으로 볼 것이냐 아니면 이를 가능하게 해 주는 바탕 근거를 기준으로 볼 것이냐 하는 선택의 문제에 부딪치게 된다. 일상적 생명 개념은 온생명 안에서 이루어지는 국소 질서 자체를 지칭하는 것인데, 이 개념이 현실적인 유용성을 지니고 있음은 부정할 필요가 없다. 그러나 이 개념은 이것의 보완 부분, 곧 온생명의 나머지 부분을 도외시하고 있으므로 지극히 불완전한 존재성을 그 개념 자체 안에 원천적으로 함유하게 된다. 이에 반해 국소 질서의 가능 근거까지 그 안에 함축함으로써 존재론적으로 좀 더 안정한 생명 개념을 마련하기 위해서는, 그리하여 그 존재론적 구조를 포괄적으로 담보하기 위해서는, '생명'이라는 것을 온생명과 함께 그 안에 나타나는 낱생명들을 통합적으로 지칭하는 개념으로 설정하는 것이 월등히 유리하다. 그리고 우리가 적어도 "생명을 이해한다"고 할 때는 우리의 사고가 생명의 이러한 존재론적 구조에 대한 파악에까지 이르러야 함은 말할 필요가 없다. 반복하자면, 코끼리를 이해하기 위해 굳이 코끼리 개념을 도입하지 않고 코끼리의 세포들 또는 코끼리의 다리나 코끼리의 코 같은 코끼리의 구성 부위들에 대한 개념만으로 충분하다는 논지를 펴는 것이 불가능한 것은 아니겠지만, 이것이 대상에 대한 논의 및 이해에 대단히 불편하리라는 것은 확실하다. 따라서 코끼리의 부분들에 대한 개념들과 동시에 코끼리 자체의 개념 또한 함께 도입함으로써 이들 사이의 관계를 적절히 살피는 일은 백번이고 권장할 만한 일이다. 여기에 종래의 낱생명 개념들과 함께 온생명 개념이 도입되어야 할 당위성이 성립하는 것이다.

(2) 생명 : 지구에서 뻗어 오르는 태양 현상

이러한 점을 반영하듯 설혹 온생명 개념을 명시적으로 제시하고 있지는 않지만, 이를 암묵적으로 전제하고 그 내용을 여러 방식으로 표현해 낸 사례는 더러더러 눈에 띈다. 그 대표적 사례의 하나가 마굴리스와 세이건의 책 『생명이란 무엇인가?』에 나타난 다음과 같은 몇몇 흥미로운 표현들이다. 생명과학자들인 이 저자들은 생명이 지닌 여러 면모를 다양한 방식으로 서술해 나가는 가운데, 다분히 시적인 풍미까지 자아내면서 생명의 온생명적 성격을 놀랍도록 선명하게 표현해 주고 있다. 여기에 그 일부를 옮겨 본다.

그렇다면, 생명이란 무엇인가?

생명은 지구에서 뻗어 오르는 태양 현상이다.
이것은 우주 한 모퉁이에서, 지구의 공기와 물, 그리고 태양이 한데 얼려 세포 속으로 잦아드는 천문학적 전환이다.
이것은 자람과 죽음, 생겨남과 없어짐, 변모와 부패가 한데 어우러진 정교한 패턴이다.
생명은, 다윈의 시간을 통해 최초의 미생물에 연결되고, 베르나드스키의 공간을 통해 생물권의 모든 거주자에 이어지는, 팽창하는 단일 조직이다.
신이 되고, 음악이 되고, 탄소가 되고, 에너지가 되는 생명은 성장하고, 융합하고, 사멸하는 뭇 존재들의 소용돌이치는 접합이다.

이것은, 불가피한 열역학적 평형 곧 죽음의 순간을 부단히 앞지르려고 자신의 방향을 스스로 선택하는, 고삐 풀린 물질이다.

생명은 또한 우주가, 인간의 모습을 띠고, 자신에게 던져 보는 한 물음이다.

(Margulis and Sagan 1995, 49쪽).

부록 1 : 엔트로피와 자유에너지

(1) 동역학적 상태(개별상태)와 열역학적 상태(개괄상태)

우리가 대상을 물리적으로 서술하는 방식은 두 가지다. 그 첫째가 동역학적 서술이고, 둘째가 열역학적 서술이다. 그런데 이 두 가지는 서로 밀접한 관계를 가진다. 지금 고찰 대상으로 N개의 입자로 구성된 물체 하나를 생각하자.

동역학적 서술을 위해서는 이것을 구성하는 각 입자들의 질량과 서로 간에 주고받는 힘이 무엇인가를 찾아 이 대상의 '특성'을 파악하고, 여기에 상태변화의 법칙을 적용해 우선 이 대상이 놓일 수 있는 가능한 '상태'들이 무엇인지를 산출해 낸다. 그러고는 현재(초기)의 상태가 무엇인지를 측정(또는 적정한 방식으로 추정)한 후, 시간이 지남에 따라 그 상태가 어떻게 변할 것인지를 상태변화의 법칙에 따라 계산해서 대상의 미래 상황을 예측해 내는 것이 동역학적 서술의 기본 방식이다. 그런데 대상을 구성하는 입자의 개수(N)가 많아질수록 이 방법의 현실적 적용 가능성이 떨어진다. 특히 현재의 상태를 정확히 측정하기가 어려울 뿐 아니라 여기에 상태변화의 법칙을 적용해 매 순간의 상태를 계산해 내기도 어려워지기 때문이다.

그런데 이러한 어려움을 덜어 줄 하나의 보완적인 서술 방식이 곧 열역학적 서술이다. 여기서는 동역학적으로 서로 다른 '상태'라고 지정되는 상태들 사이에는 현실적으로 서로 구분되지 않는 대등한 상태들이 매우 많다는 점에 착안해, 이러한 상태들을 몇 부류로 묶어 각각을 '열역학적 상태' 혹은 '개괄상태'라 규정한 후, 이 개괄상태들 사이에 어떤 변화가 있을 것인가 하는 점만을 추적한다. 이러한 '개괄상태' 개념과 구분해 동역학적으로 규정되는 본래의 '상태'들을 '동역학적 상태' 혹은 '개별상태'라 부르기로 한다. 그러니까 각개의 개별상태들은 여러 개괄상태 가운데 어느 하나에 속하고, 각각의 개괄상태 안에는 일반적으로 여러 개의 개별상태가 속하게 된다. 〔단지 주의할 점은 개별상태건 개괄상태건 여기서 말하는 모든 상태는 (N개 입자로 구성된) 대상 전체의 상태일 뿐 입자 개개의 상태를 말하는 것은 아니라는 사실이다. 개개 입자의 상태가 달라지면 당연히 대상 전체의 상태도 달라지지만, 여기서 관심을 가지는 것은 오직 대상 전체의 상태다.〕

시간에 따라 대상의 상태가 바뀐다는 것은 가능한 개별상태들 사이에 전이가 일어난다는 것을 의미한다. 이러한 전이는 원칙적으로 상태변화의 법칙에 따라 일어나는 것이지만 대상을 구성하는 입자의 수가 많을 경우에는 서로 다른 개별상태들 사이의 전이가 거의 무작위로 일어난다. 이럴 경우, 예를 들어 대상이 처음에 A라는 개별상태에 있었다 하더라도, 시간이 충분히 지나고 나면 이 대상은 (동역학적으로) 가능한 모든 개별상태 가운데 어느 하나에 놓일 것이고, 그 각각에 있을 확률은 (특별한 다른 이유가 없는 한) 모두 같다고 보아야 한다. 그런데 이제 이 개별상태들은 모두 식별 가능한 개괄상태들, 예를 들어 개괄상태 I, II, III, IV로 구획될 수 있고, 개괄상태 I에는 10개의 개별상태가 속하고, 개괄상태 II에는 100개, 개괄상태 III에는 1000개, 개괄 상태 IV에는 10^{10}개의 개별상태가 속한다고 하자. 그리고 대상이 처음 놓였던 개별상태 A는 예를 들어 I이라는 개괄상태에 있었다고 하자. 시간이 충분히 지났을 때, 이 대상은 가능한 개괄상태 I, II, III, IV 가운데 어느 개괄상태에 있겠는가? 그 대답은 "거의 확실하게 개괄상태 IV에 있다"가 된다. 여타의 개괄상태들은 거기에 속하는 개별상태의 수가 너무도 적어 그들 가운데 어느 하나로 전이되었을 가능성이 거의 없기 때문이다. 이것이 바로 열역학 제2법칙의 바탕에 깔려 있는 사고의 내용이다.

(2) 엔트로피와 열역학 제2법칙

이러한 사고를 구체화하기 위해 각각의 개괄상태에 대해 엔트로피

entropy라 불리는 물리량 S를 다음과 같이 정의하자〔엔트로피에 대한 볼츠만Boltzmann의 정의〕.

S = k logW

여기서 W는 이 개괄상태에 속하는 개별상태의 수이며, log는 대수함수對數函數로서 흔히 자연대수를 사용하지만 우리에게 좀 더 친근한 상용대수를 사용해도 상관이 없다. 여기서는 10을 기저로 하는 상용대수라 보기로 한다. 그리고 k는 볼츠만Boltzmann의 상수라 불리는 것인데, 이것은 클라우지우스Clausius에 의해 정의된 기존 엔트로피의 표현과 맞추기 위해 도입된 것일 뿐, 아무런 실질적 의미를 지니지 않는다. 따라서 우리는 편의상 이 값을 1이라 놓기로 한다.

엔트로피를 이렇게 정의하면, 위에서 예로 든 개괄상태 I, II, III, IV의 엔트로피는 각각 1, 2, 3, 10이 된다. 이는 곧 이들에 속하는 개별상태의 수를 10^x로 표현했을 때의 x값, 즉 10을 기준으로 한 자릿수를 말한다.

이러한 엔트로피 개념을 바탕으로 우리가 앞에 예로 든 문제, 즉 대상이 처음 개괄상태 I에 속하는 한 개별상태 A에 놓여 있다가 충분한 시간이 경과하면 어느 개괄상태에 있겠느냐 하는 문제를 다시 생각하자. 이는 엔트로피가 각각 1, 2, 3, 10인 4개의 개괄상태가 있을 때, 대상이 처음 엔트로피 1인 개괄상태에 있었다면 이것이 놓인 개괄상태는 무엇으로 바뀌었겠느냐 하는 것이고, 그 해답은 엔트로피가 가장 큰 개괄상태, 즉 개괄상태 IV에 있으리라는 것이다. 설혹 처음 개별상태 A가 처음부터 (엔트로피가 가장 큰) 개괄상태 IV에 있었다 하더라도 그 해답은 여전히 엔트로피가 가장 큰 개괄상태, 곧 개괄상태 IV에 머물게 된다는 말을 할 수 있다. 이를 일반화해서 말하면 "대상이 놓인 개괄상태는 항상 가능한 개괄상태들 가운데 엔트로피가 가장 큰 개괄상태 쪽으로만 변하며, 그 반대의 경우는 발생하지 않는다"는 것이며, 이를 일러 '열역학 제2법칙'이라 한다.

(3) 냉도와 온도

그러니까 대상의 개괄상태, 즉 열역학적 상태의 변화를 알기 위해서는 가능한 개괄상태들의 엔트로피, 곧 대응하는 개별상태의 수를 알기만 하면 된다. 그런데 그 엔트로피, 곧 이 개별상태의 수는 원칙적으로 동역학적 방법을 통해 산출할 수 있지만, 이것이 일반적으로 대상이 함축하는 에너지 값이 커짐에 따라 크게 증가한다는 사실이 잘 알려져 있다. 즉 대상에 에너지가 흘러 들어오면 이것이 가질 수 있는 개별상태의 수가 크게 증가하고, 따라서 그 엔트로피 값이 커진다. 이는 곧 엔트로피가 에너지의 함수임을 의미하지만, 에너지의 증가에 따라 엔트로피가 얼마나 크게 증가하느냐 하는 증가의 정도, 곧 에너지에 대한 엔트로피의 변화율은 대상이 처한 상황에 따라 차이가 있다.

이제 어느 대상 물체가 지닌 에너지 증가(ΔE)에 따른 엔트로피 증가(ΔS)의 비율, 곧 $\Delta S / \Delta E$의 값을 C라 부르기로 한다면, 이 C의 값은 그 물체의 차가운 정도, 곧 냉도冷度를 나타낸다. 우리는 여기서 더 차가운 물체와 덜 차가운 물체를 접촉했을 때 에너지, 곧 열이 어느 방향으로 이동하는지를 이해하게 된다. 지금 냉도가 각각 C_1, C_2인 두 물체가 있다고 하자. 여기에 각각 에너지를 ΔE만큼 증가시켰다고 하면, 이들의 엔트로피는 각각 $C_1 \Delta E$, $C_2 \Delta E$만큼씩 증가할 것이고, 반대로 에너지를 각각 ΔE만큼씩 감소시켰다고 하면, 그 엔트로피 또한 각각 $C_1 \Delta E$, $C_2 \Delta E$만큼씩 감소할 것이다. 그러면 만일 이 두 물체를 접촉시켜 한쪽에서 다른 쪽으로 에너지가 이동하는 것을 허용하면 어떻게 될까? 지금 만일 냉도 C_1인 물체에서 냉도 C_2인 물체 쪽으로 에너지 ΔE가 이동했다면 두 물체를 합친 전체 계의 엔트로피 변화는 $C_2 \Delta E - C_1 \Delta E$가 될 것이다. 여기서 만일 C_1보다 C_2가 더 크다면, 즉 덜 차가운 쪽에서 더 차가운 쪽으로 에너지가 이동했다면, 전체 계는 엔트로피가 더 큰 상태 쪽으로 바뀌는 결과가 되어 열역학 제2법칙에 부합하는 현상이 된다. 이것이 바로 덜 차가운(더 뜨거운) 물체에서 더 차가운(덜 뜨거운) 물체 쪽으로 열이 흐르는 이유다.

그런데 우리는 관례적으로 '냉도'라는 개념보다도 그 반대 의미를 지닌 '온도'라는 개념을 더 많이 사용한다. 즉 우리가 흔히 말하는 절대온도(줄여서 그냥 온도라고 말함) T는 위에 정의한 냉도 C의 역수, 곧 $1/C$에 해당한다. 즉 온도 T는 $1/T = \Delta S / \Delta E$의 관계식에 따라 정의되며, 반대로 이 표현에서 ΔS는 온도 T와 ΔE에 의해

$$\Delta S = \Delta E / T$$

라는 관계로 표현될 수 있다(이 표현이 바로 클라우지우스가 처음으로 엔트로피를 도입할 때 사용했던 정의식이다).

여기서 우리는 1886년 볼츠만이 생명에 관해 말한 유명한 언명, 곧

"생명체가 생존하기 위해 애쓰는 것은 원소들을 얻기 위해서가 아니다. …… 에너지를 얻기 위해서도 아니다. …… 오히려 엔트로피[더 정확히 말하면, 부-엔트로피negative entropy]를 위해서다. 이것은 뜨거운 태양에서 차가운 지구로의 에너지 흐름을 통해 얻을 수 있다"는 말을 이해할 수 있는 단계에 도달했다.

이제 차가운 지구의 온도를 T_1이라 하고 뜨거운 태양의 온도를 $T_2(T_1 \langle T_2)$라 하자. 그리고 이 사이에 정교한 중간 장치를 하나 삽입해 태양에서 오는 에너지 ΔE가 이 사이를 통과하면서 이 장치 안의 엔트로피를 ΔS만큼 변화시키도록 한 후 이 에너지가 최종적으로 지구(또는 온도 T_1을 지닌 그 무엇)에 의해 흡수되었다고 하자. 열역학 제2법칙에 따르면 이 과정에서 발생한 전체 엔트로피 ΔS_T가 영(0)보다 크거나 적어도 같아야 한다. 즉

$$\Delta S_T = \Delta E/T_1 + \Delta S - \Delta E/T_2 \geqq 0$$

의 관계를 만족하고, 이 식에서

$$\Delta S \geqq \Delta E/T_2 - \Delta E/T_1$$

의 결과가 얻어지는데, 여기서 $T_1 \langle T_2$이므로 ΔS의 값은 영보다 작을 수 있다. 이것이 바로 볼츠만이 말하는 부-엔트로피를 얻을 가능성을 보여주는 것이다.

(4) 자유에너지

슈뢰딩거는 그의 책 『생명이란 무엇인가?』(Schrödinger 1944)에서 "생

명이란 부-엔트로피를 먹고사는 존재"라는 말을 하면서 각주를 달고 부-엔트로피 개념 대신에 자유에너지 개념을 활용하는 것이 더 적절하리란 이야기를 했다. 여기서는 자유에너지〔좀 더 정확히는 헬름홀츠 자유에너지Helmholtz Free Energy〕의 정의를 소개하고, 이것이 지닌 몇 가지 중요한 성질들을 보이기로 한다.

한 대상이 지닌 에너지를 E, 엔트로피를 S, 그리고 주변의 온도를 T라 했을 때, 이 대상의 (헬름홀츠) 자유에너지 F는

$$F = E - TS$$

로 정의된다. 여기서 온도와 에너지가 고정되어 있다고 보면 F는 $-S$에만 관여됨을 알 수 있다. 이는 곧 자유에너지가 에너지 단위를 가지면서도 부-엔트로피와 밀접히 관련된 양임을 알게 해 준다.

이 정의에 따르면 어떠한 이유로 대상의 에너지가 ΔE만큼 변하고 엔트로피가 ΔS만큼 변한다고 할 때, 이에 따르는 자유에너지의 변화는 $\Delta F = \Delta E - T\Delta S$에 해당하게 된다. 지금 이 대상이 ΔE만한 에너지를 주변에 방출했다고 하면 이로 인해 주변의 엔트로피는 $\Delta E/T$만큼 증가하고 또 대상 자체의 엔트로피도 변하는데, 이제 그 값을 ΔS라 하자. 이 경우 열역학 제2법칙에 따르면 이때 대상과 주변에 발생한 엔트로피 변화의 총합이 반드시 영보다 커야 하므로 부등식

$$\Delta S + \Delta E/T \geqq 0$$

가 성립해야 하고, 이를 통해 대상 자체의 엔트로피 변화 ΔS는 $\Delta S \geqq -\Delta E/T$의 관계를 만족함을 알게 된다. 이제 이 표현을 위에 제시한 ΔF식에 넣으면

$$\Delta F = -\Delta E - T\Delta S \leqq -\Delta E + T\Delta E/T = -\Delta E + \Delta E = 0$$

즉,

$$\Delta F \leqq 0$$

의 관계가 성립한다. 〔이때, ΔE만한 에너지를 주변으로부터 받았다고 해도 ΔE가 $-\Delta E$로 바뀔 뿐 $\Delta F \leqq 0$ 식의 부등호 방향은 바뀌지 않는다.〕 이는 곧 열평형 상태 주변에 발생하는 모든 자연스런 변화는 자유에너지가 감소하는 방향으로만 일어남을 말해 준다.

한편 태양과 같이 대상보다 온도가 높은 외부 물체가 있어서 여기서 에너지가 유입될 경우, 우리가 적절한 장치를 마련하면 대상의 자유에너지를 높일 수도 있다. 이제 높은 온도 T'을 지닌 외부 물체에서 ΔE 만큼의 에너지가 대상으로 흘러 들어온다고 하자.

이때 외부 물체는 온도 T'의 상태에서 에너지 ΔE를 잃었으므로 $\Delta E/T'$만큼 엔트로피가 감소했을 것이고, 대상 물체는 에너지가 ΔE 만큼 증가하면서 이에 따른 엔트로피 증가를 보았을 것인데, 이 값을 ΔS라 하자. 여기에 변화된 엔트로피의 총량이 영보다 커야 한다는 열역학 제2법칙을 적용하면 $\Delta S - \Delta E/T' \geqq 0$의 관계가 성립하고, 따라서 대상의 엔트로피 변화량은 $\Delta S \geqq \Delta E/T'$의 관계를 만족해야 한다. 이 값을 앞에 소개한 ΔF의 표현에 넣으면

$$\Delta F = \Delta E - T\Delta S \leqq \Delta E(1 - T/T')$$

곧

$$\Delta F \leqq \Delta E(1 - T/T')$$

의 관계를 얻는다.

이는 뜨거운 태양으로부터 차가운 지구로 일정량의 에너지가 유입될 때 이 부등식이 만족하는 범위 안에서 자유에너지를 얻을 수 있음을 말해 주는 것이며, 이렇게 얻어진 자유에너지는 그 정의식이 보여 주는 바와 같이 실제로 부-엔트로피 −S를 포함하는 항을 가지고 있어서, 이를 활용하면 엔트로피 증가라는 비용을 지불하면서 또 경우에 따라 엔트로피 자체를 감소시켜 가며 필요한 모든 활동을 해 나갈 수가 있다. 실제로 지구상에 발생하는 모든 생명 활동은 이러한 방식으로 얻어진 자유에너지를 통해 이루어지고 있다.

부록 2: 자체촉매적 국소 질서

태양과 지구 계는 원론적으로 보아 열역학 제2법칙에 위배됨이 없이 지구상에 질서를 쌓아 나갈 수 있다. 그러나 이를 가능하게 해 주는 구체적인 방식은 이러한 원론만을 통해서는 찾아낼 수 없다. 여기서 우리가 한 가지 인정할 수 있는 사실은 태양으로부터의 지속적인 에너지 유입과 이에 걸맞은 지구 물질의 풍요로움이다. 이 두 요소의 결합은 지구상에 다양한 물질들의 활발한 뒤섞임과 지속적인 요동이 발생하게 해 주었고, 이 가운데서 우연에 의한 국소 질서가 종종 발생하고 소멸되는 상황이 만들어졌다. 그러나 이러한 상황만으로는 오늘 우리가 생명체에서 보는 바와 같은 높은 질서를 가진 조직체가 순간적인 우연에 의해 만들어질 가능성은 거의 없다.

하지만 이러한 풍요로움 속에서 극히 단순한 자체촉매적 국소 질서가 우연히 만들어질 가능성은 확률적으로 배제할 수 없다. 즉 하나의 국소 질서가 나타나 그 자신의 기능에 의해 자신과 대등한 또 하나의 국소 질서를 출현시키는 데 결정적인 기여를 하는 상황이다. 이것이 이루어지기 위해서는 전체 체계의 풍요로움과 자체 조직의 정교함이 서로 잘 들어맞아야 한다. 일단 이러한 일이 일어난다면, 그리하여 해당 국소 질서가 자연 소멸하기 전에 최소한 하나 이상의 대등한 국소 질서를 유발시킬 가능성이 생겨난다면, 이러한 국소 질서의 수는 기하급수적으로 증가해 전 지구를 통한 그 어떤 물질적 한계 상황에 이를 것이고, 이 시점부터 특별히 다른 변화가 없다면 이 국소 질서들의 군집이 지속될 것이다.

이제 이러한 일이 구체적으로 어떤 형태로 발생하며 또 어떤 형태로 작동할 것인지를 생각하기 위해 극히 간단한 하나의 모형 체계를 생각해 보기로 한다. 실제로 우리가 상상할 수 있는 전형적인 자체촉매적 국소 질서의 구현 방식은, 먼저 자체 내부에 '종자'를 형성하고 이를 분리시켜 주변에 뿌려 주는 방식이라 할 수 있다.

문제를 간단히 하기 위해 원시 지구에는 A, B, C라고 하는 세 종류의 물질 요소들이 뒤섞여 요동치고 있다고 생각하자. 그리고 요소 A와 B는 어떠한 이유 때문에 자연스럽게 결합되기가 매우 어렵지만, 일단 결합해서 AB라는 구조물을 이루면 이것이 무척 쉽게 C를 하나 끌어들여 새로운 구조물 ABC를 이루고, ABC는 다시 A와 B를 쉽게 끌어들여, 예컨대 새로운 구조물

$$\begin{array}{c} A\ B\ C \\ A\ B \end{array}$$

를 손쉽게 만들어 낼 수 있다고 생각하자. 그리고 이것은 어렵지 않게 내부에 형성된 AB를 방출함으로써 다시 ABC와 AB로 갈라지게 된다고 생각하자. 이렇게 되면 이들 ABC와 AB를 중심으로 위와 같은 과정이 자연스럽게 되풀이될 수 있을 것이다. 이 경우 ABC는 성체成體에 해당하고 AB는 이들에 의해 만들어지는 종자種子에 해당된다. 그리고 설혹 ABC는 불안정해서 일정한 시간 이후 붕괴되어 버리더라도 붕괴되기 전에 이러한 과정을 한 번 이상 거칠 수 있다면, 이러한 과정은 지속될 수 있고 항상 일정한 수의 AB 그리고 ABC들은 가능한 공간 안에서 유지될 수 있을 것이다.

이러한 것이 1세대의 자체촉매적 국소 질서라 한다면, 여기에 다시 이 국소 질서들 사이의 결합 혹은 여타 방식에 의해 2세대 자체촉매적 국소 질서가 발생할 수 있을 것이고, 이들 또한 1세대와 공존 또는 경쟁하면서 새 군집을 형성해 지속되어 나갈 것이다. 같은 방식으로 3세대, 4세대가 이루어질 수 있으며, 이러한 일이 장기간 지속·반복 되는 가운데 오늘 우리가 보는 다양한 그리고 정교한 국소 질서들, 곧 낱생명들이 형성될 것이다.

이제 여기서 이들의 발생 확률에 대해 생각해 보자. 이제 i번째 세대의 첫 개체가 단위 시간에 우연에 의해 발생할 확률을 P_i라고 하자. 그러면 이러한 개체가 우연에 의해 발생할 때까지 요하는 시간 T_i는 $1/P_i$이 된다.

따라서 n번째 세대까지 발생하는 데 요하는 시간 T는

$$T = T_1 + T_2 + T_3 + \cdots + T_n$$

$$= 1/P_1 + 1/P_2 + 1/P_3 + \cdots + 1/P_n$$

이 되어, 이들 모두가 단위 시간 안에 한꺼번에 발생할 확률

$$T' = 1/P = 1/(P_1 \cdot P_2 \cdot P_3 \cdots P_n)$$

과 크게 대비된다.

하나의 간단한 예로 한 세대가 단위 시간(1년) 안에 우연에 의해 출현할 확률을 각각 1/10,000이라고 한다면($P_1 = P_2 = P_3 = 1/10,000$) 자체촉매적 방식으로 세 세대가 발생할 때까지 요하는 시간은 $T = 30,000$ 곧 3만 년이 되지만, 이 세 번째 세대가 자체촉매적 과정을 거치지 않고 우연만에 의해 발생하는 데 요하는 시간은 1만 년의 세제곱 수,

$T' = 1,000,000,000,000$ 곧 1조 년이나 된다.

이러한 점으로 미루어 볼 때, 지구 생명의 높은 질서가 단순한 우연만에 의해 발생할 수는 없으며, 각 단계의 자체촉매적 국소 질서들이 누적되어 이룩된 것임을 알 수 있다. 이것은 지금도 모든 낱생명들이 실질적인 자체촉매적 기능에 의해 생성되고 유지되고 있음으로 보아 명백한 일이다. 단지, 이것이 가능하기 위해서는 태양-지구 계 그 자체가 충분히 풍요로워 이런 다층적인 자체촉매적 국소 질서가 형성될 여건을 이루고 있다는 점이 결정적으로 중요하다. 자체촉매적 국소 질서는 오로지 이러한 풍요의 산물일 뿐 그 자체만으로 기능할 수 있는 것이 아니다. 이를 달리 말하면, 태양-지구 계와 그 안에 형성된 전체 국소 질서들의 집합이 온생명에 해당하며, 각 단계 그리고 각 개체로서의 국소 질서들이 바로 우리가 말하는 각종 낱생명에 해당한다.

3장

물질과 의식의 양면성

I

우주가 자신에게 던지는 물음

하나의 자연현상이라는 점에서 우리는 생명현상에 대한 이해에 많은 진척을 이루어 왔다. 생명현상이라는 것도 여타의 자연현상과 마찬가지로 보편적인 자연법칙에 순응해 발생한다는 것이 분명해졌으며, 또 이러한 방향의 접근을 통해 우리는 그간 '신비'라 여겨졌던 많은 부분들을 명쾌하게 해명하는 데 성공하고 있다. 그러나 이러한 접근을 통해서도 여전히 해명해 내지 못한, 어쩌면 영구히 해명해 내지 못할 '신비'가 하나 남아 있다.

우리가 앞 장 마지막 부분에 소개했던 글에서, 마굴리스와 세이건은 "생명은 지구에서 뻗어 오르는 태양 현상"이라고 하면서도, 다시 "생명은 또한 우주가, 인간의 모습을 띠고, 자신에게 던져 보는 한 물음"이라고 말하고 있다(Margulis and Sagan 1995, 49쪽). 이것은 정말 의미심장한 이야기다. 생명은 분명히 하나의 물질현상임에도 불구하고 그 안에서 스스로가 자신에게 던지는 한 물음이 떠오른다는 것이다. 그렇다면 물질이 어떻게 스스로를 향해 물음을 떠올릴 수 있는가? 여기에 생명이 보여주는 마지막 신비, 곧 '의식'의 문제가 들어 있다.

생명의 진정 놀라운 점은 그 자체 안에서 자신을 '주체로 파악하는' 의식이 발현된다는 점이다. 이러한 의식은 본질적으로 그 의식의 주체가 되어 보지 않고는 파악할 수 없는 매우 독특한 그 무엇이다. 그러므로 그 어떤 완벽한 지적 능력을 가진 외계의 지성이 나타나 우리의 생명을 관찰한다 하더라도 현상으로서의 생명은 파악할 수 있겠으나, 우리의 의식을 경험할 방도는 없을 것이다. 오직 이 생명 체계 안에서 이 생명의 일부로 태어난 우리들만이 이 생명을 주체적으로 의식할 수 있으며, 이러한 점에서 우리는 객관적 관찰만으로는 도저히 파악할 수 없는 또 한 가지 방식으로 생명을 이해할 위치에 놓여 있다.

이러한 의식은 우리에게 존재론적으로 그리고 인식론적으로 매우 중요한 논의의 소재를 제공한다. 존재론적으로 이것은 대상이 지니고 있는 물질적 측면과 매우 밀접한 관련을 지니면서도 이것과는 구분되는 특이한 측면을 대표하며, 인식론적으로는 이것 없이는 인식 자체가 불가능해지는 인식의 기본 바탕이 되면서도 인식 또는 서술 대상의 세계에서는 자취를 감추고 드러나지 않는 성질을 지니고 있다. 오직 인식 주체의 자기 성찰이 이루어지는 특별한 경우에 한해 인식 주체를 대상 속에 포함시킬 수 있으나, 이 경우는 인식 또는 서술의 층위가 달라짐으로 인해 여타의 인식 또는 서술의 지평과는 부정합의 관계를 이루게 된다. 우리가 다음 장에서 다룰 이른바 '크레타의 거짓말쟁이 역설'이라든가 양자역학에서의 '측정 문제' 등 서술 내용 속에 주체를 포함시킬 경우에 나타나는 많은 수수께끼와 논리적 역설들이 바로 여기에 기인하고 있다.

그러나 이 문제를 더 깊이 생각해 보아야 할 이유는 주체에 대한 바른 해명이 없이는 생명은 물론이고 우리의 삶 그 자체를 이해할 수 없는 입장에 놓인다는 점 때문이다. 삶이라고 하는 것 자체를 우리는 생명의 주체적 양상이라고밖에 달리 정의할 수가 없다. 그러므로 문제가 아무리 어렵더라도, 그리고 그 해답이 아무리 성글더라도, 우리가 삶에 대한 진지한 자세를 유지하는 한 이 문제에 매달려 가능한 최선의 해답을 추구하지 않을 수 없다. 우리는 흔히 이 문제를 아예 풀 수 없는 수수께끼로 치부해 관심의 영역에서 제쳐 놓기도 하나, 그러한 경우에조차도 우리는 이미 이것에 대한 어떤 암묵적 관념에 이끌려 살아가게 된다. 그리고 우리를 이끌고 있는 이러한 관념들이야말로 대개는 지나치게 피상적인 것이어서, 이에 이끌려 산다는 것 자체가 우리 스스로의 삶을 피상적인 관념에 내맡겨 버리는 꼴이 되어 버린다.

그렇기에 이 문제는 역사적으로 오랜 기간을 통해 많은 관심을 끌어왔으며, 따라서 이에 대한 다양한 많은 견해들이 제기되어 왔다. 그러나 생명현상, 특히 의식의 생물학적 바탕을 이루는 신경생리학적 현상에 대한 이해가 깊어짐에 따라 여기에 대한 합리적인 이해의 실마리가 잡혀 가고 있다. 특히 여기서 우리가 주목해야 할 점은 생명에 대한 이러한 두 가지 이해 방식은 서로 다른 두 대상에 대한 이해가 아니라 하나의 대상에 대한 두 가지 측면에서의 이해라고 하는 사실이다. 그렇기 때문에 이들 두 측면은 서로 독립된 것이 아니고 불가피하게 서로 간에 일정한 관계로 연결된다.

우선 어떠한 의식이 어떤 범위에서 발생할 것인가 하는 것은 전적으로 이 의식을 담아내는 신체의 물리적 여건에 의존한다. 사람의 몸에 마취약을 투여하면 의식을 잃고 마는 것이 그 단적인 사례다. 그런데 여기에 바로 우리를 오랫동안 괴롭혀 온 한 가지 까다로운 문제가 끼어든다. 즉 "이 의식과 물리적 여건 사이에 인과관계가 존재하는가?" 하는 것이다. 생명현상을 물리적 입장에서 바라보면 이 안에서 물리적인 인과관계를 벗어나는 어떠한 사례도 찾을 수 없다. 이 점은 '의식을 담당하는 기구'로 인정되는 중추신경계에 대해서도 마찬가지다. 그렇다면 "의식 그 자체도 물리적 인과관계에 예속되는 것인가, 의식 주체의 이른바 자유의지라는 것도 실은 물리적 인과의 사슬에 묶여 있는 허상에 불과한가?" 하는 물음이 떠오르게 된다.

이 점이 정말로 어려운 매듭이다. 우리는 분명히 제한된 범위에서나마 신체의 일부를 마음대로 움직일 수 있다. 내가 마음먹기에 따라 나는 내 팔을 들어 올릴 수 있다. 그런데 이것이 이미 물리적 필연에 의해 들어 올릴 수밖에 없게 되어 있는 것이라면, 내 의지로 들어 올렸다고 하는 이 느낌은 도대체 어떻게 된 것인가?

이 점에 대해서는 뒤에 좀 더 자세히 논의할 것이지만, 여기서는 간단히 그 해답이 바로 "의식이 물질을 바탕으로 일어난다"고 하는 아주 간단한 사실 속에 숨어 있다는 사실만 지적하기로 한다. 내 의식이 물질을 떠나 있을 수 없는 것이므로 내가 어떠한 의식을 지닌다는 사실은 곧 내 신체를 구성하고 있는 물질이 이러한 의식을 가지도록 (준비)되어 있다는 이야기다. 그러므로 내가 자유의지를 가지고 내 몸을 움직인다고 할 때는 이미 내 몸이 이를 움직여 낼 물리적 여건을 갖추고 그러한 움직임을 일으킬 여건에 당도해 있다는 것을 의미한다. 이는 곧 내가 자유를 느끼는 것만큼 내 몸이 이에 상응하는 여건을 만들어 내고 있음을 말하는 것이다.

그러나 이러한 결론에 이르기까지는 수많은 논의가 요청되며, 또 이와 관련한 많은 사람들의 견해를 들을 필요가 있다. 이제부터 그 대표적인 몇 가지를 살펴보고, 우주가 자신에게 던지는 이 신비한 물음이 함축하는 더 깊은 의미를 살펴 나가기로 하자.

크릭의 '놀라운 가설'

(1) 주체로서의 '나'

이러한 문제에 접근하는 하나의 유용한 방식은 최소한의 가정만을 설정해 우리가 도달할 수 있는 지점이 어디인가를 살피는 일이다. 예를 들어 우리는 이미 과학적으로 확립된 가장 기본적인 지식만을 활용해 문제를 최대한 이해해 보려는 자세를 취해 볼 수 있다. 이러한 점에서 우리는 프랜시스 크릭Francis Crick의 이른바 '놀라운 가설'에 귀를 기울여 봄 직하다. 크릭은 그의 책『놀라운 가설』에서 자신의 '놀라운 가설'을 다음과 같이 제시하고 있다.

'당신', 즉 당신의 기쁨과 즐거움, 당신의 기억과 욕망, 당신의 개인적 정체성과 자유의지는 실제로 신경세포들과 이에 관련된 분자들의 커다란 모임이 나타내는 행위 그 이상의 것이 아니다.(Crick 1994, 3쪽)

그리고 그는 몇 쪽 뒤에 이는 곧 "우리의 마음—우리 두뇌의 행위—은 신경세포(그리고 여타의 세포)와 이들에 관련된 분자들의 상호작용에 의해 설명될 수 있다는 과학적 소신"을 의미한다고 덧붙이고 있다(Crick 1994, 7쪽).

사실 이 가설은 그다지 새로운 것이 아니다. 많은 과학자들이 실제로 이러한 가정 아래 작업을 해 나가고 있으며, 이러한 문제에 대해 생각을 깊이 하는 철학자 가운데서도 이에 동조할 사람들이 결코 적지 않을 것이다. 그런데 이 가설이 지닌 진정으로 놀라운 측면은 3인칭의 형태로 서술되는 '마음'이라는 것이 이러한 것들로 설명된다는 사실에 있는 것이 아니라, 1인칭으로서의 '나'(그가 나에게 2인칭으로서의 '당신'이라 불러 주었으므로)가 이러한 물질의 집합이 나타내는 행위 그 이상이 아니라는 주장 속에 나타난다. 그 실체만을 지시할 경우에는 3인칭으로서의 '내 마음'과 1인칭으로서의 '나'가 동일한 것으로 볼 수 있지만, 이를 하나의 대상으로 보느냐 주체로 보느냐에 따라 이 둘 사이에는 본질적인 차이가 있다. 그 하나는 마음이라는 하나의 현상이 있고 이 현상이 지닌 모든 성질들이 이를 구성하는 신경세포의 조직을 통해 설명된다는 것이고, 다른 하나는 이러한 신경조직이 형성될 때 그 안에서 객관적 서술의 대상이 되는 한 '현상'으로서의 '나'가 아니라 더 이상 환원될 수 없는 주체로서의 '나'가 출현한다는 것이다.

물리학자들은 물리학이라는 이론을 바탕으로 많은 현상들을 설명할 수 있다. 원자의 여러 성질은 기본 입자들과 이들 사이의 상호작용을 통해서 설명할 수 있고 신경세포를 비롯한 응집 물질의 여러 성질은 이들을 구성하는 원자들과 이들 사이의 상호작용을 통해 설명할 수 있다. 나아가 이러한 신경세포들로 구성되어 있는 두뇌, 그리고 이것이 나타내는 마음의 많은 성질들은 궁극적으로 이러한 신경세포들과 이들의 상호작용을 통해 설명될 것이다. 물론 대상이 좀 더 복잡해짐에 따라 그 설명 과정이 점점 더 어려워질 수 있으며, 현실적으로는 더 이상의 설명이 불가능한 지점에 이를 수도 있을 것이다. 그러나 이것은 당연한 일이며, 이 점에 대해 이상히 여길 것은 아무것도 없다.

그런데 이와 관련해 정말로 이해하기 어려운 사실은 이러한 신경세포들이 마련되었을 때, 그 안에서 갑자기 주체로서의 '나'가 튀어나온다는 사실이다. 객관적 대상으로서의 마음이라는 것이 그 안에서 출현한다는 것은 신기롭기는 해도 받아들일 만하다. 그러나 객관적 대상과는 그 존재론적 위상을 전혀 달리하는 '나'라고 하는 주체가 그 안에서 튀어나온다는 것은 도저히 납득하기가 어려운 일이다.

물질의 집합 a가 이루어져 A라는 사람이 태어나고, 물질의 집합 b가 이루어져 B라는 사람이 태어났다는 것은 그리 이상한 일이 아닐 수 있다. 그 자체가 자연의 한 질서일 수 있기 때문이다. 그런데 신기한 것은 물질의 집합 c가 이루어졌을 때 C라는 사람이 태어난 것이 아니라 거기서 이번에는 '나'라고 하는 주체가 태어났다는 사실이다. 만일 '나' 또한 A, B, C와 같은 사람이기에 이상할 것이 없다고 생각한다면, 이는 주체성과 객체성을 함께 지닌 '나'의 존재를 객체만의 세계로 투영시켜 그 객체로서의 측면만을 보는 결과를 가져오는 것이 된다. 즉 '나'는 1인칭인 '나'이기 때문에 3인칭인 그 어떤 다른 사람과 본질적으로 다르다고 하는 이 중요한 사실이 간과되고 마는 것이다. 이는 물론 사람 A나 B 또는 C가 그들 나름의 주체성을 지닌다는 사실을 부인하는 것이 아니다. 그러나 이들에게 부여한 주체성은 이미 객체화한 주체성이다. 주체성조차도 주체성이라는 말로 객체화해 버리면 그 본래의 성격을 상실하고 마는 것이다. 여기서 굳이 '주체'라는 말 대신에 되도록 '나'라는 말을 쓰는 것도 이 점을 강조하기 위해서다.

이러한 점에서 물질의 집합 c가 이루어졌을 때 C라는 또 하나의 사람이 아니라 '나'라는 특별한 존재가 태어났다고 하는 사실은 의미심장한 일이다. 이것은 정말 쉽게 납득하기 어려운 일이나, 납득이 어렵다고 해서 사실을 사실로 받아들이지 않을 수는 없다. 이것이 바로 크릭이 말하는 '놀라운 가설'이다. 물질은 그 안에 바로 '나'를 이루어낼 성격을 담고 있었던 것이다.

여기서 한번 "물질이 만일 이러한 성격을 지니지 않았다면 어떻게 될까?" 하는 가상적인 질문을 던져 보자. 그래도 인간은 존재할 것이고 그 인간들이 철학을 논하고 있을 수도 있을 것이다. 예를 들어, 우리가 3차원 영상을 지닌 영화를 찍어 놓고 우리 모두가 사라져 버렸다고 할 경우, 이 영화에 나오는 주인공들은 그 누구도 주체성을 지니지 않지만 현상으로서는 우리와 똑같은 행동을 할 것이다. 이러한 세계 안에는 현상으로서의 인간은 존재하지만 현재 우리가 느끼고 있는 '나'로서의 인간은 존재하지 않을 것이다.

그렇다면 주인공들이 주체성을 지니지 않는 이러한 세계가 과연 존재할까? 존재할 수 있을 뿐 아니라 우리가 이미 많은 점에서 세계를 이렇게 이해하고 있는 셈이다. 실제로 양자역학이 대두되기 전까지 우리가 '서술'해 온 동역학의 세계 속에는 주체가 끼어들 여지가 없었다. 그러므로 우리가 동역학으로 서술하는 우주를 세계의 전부로 볼 경우에는, 그 안에 인간은 존재하지만 '나'는 존재하지 않는 기묘한 세계가 된다. 한편 '나'가 존재하는 세계 안에는 존재론적 위상을 달리하는 또 하나의 영역이 존재하는데, 이것이 바로 주체의 영역이다. 물질의 세계 안에서 이러한 새 영역이 열릴 수 있었다는 것이 바로 놀라운 신비이며, 이러한 신비를 설명하겠다고 나선 것이 '놀라운 가설'이다.[9]

(2) 일원론인가, 이원론인가?

한편, 이러한 사실을 인정한다고 해서 우리가 바로 이원론적 존재론을 받아들여야 하는 것은 아니다. 오히려 위에 언급한 '놀라운 가

---

9 여기서 필자가 해석하는 '놀라운 가설'은 크릭 자신이 염두에 둔 '놀라운 가설'과 꼭 일치하지 않을 수도 있다. 어쩌면 크릭은 3인칭적 성격으로서의 '마음'이 신경세포들의 활동을 통해 모두 설명될 수 있다고 하는 점에 역점을 두었을지도 모른다.

설'은 일원론 안에서 이를 수용한다는 데 그 '놀라움'이 있다. 하지만 이것은 좁은 의미의 '물질 일원론'으로 환원되는 것과는 근본적인 차이를 가진다. 흔히 '물질'이라고 할 때 우리는 일단 정신 혹은 주체의 가능성을 배제하는 것으로 받아들이는 경향이 있다. 설혹 이렇게까지 하지는 않는다 하더라도 이러한 것이 가지는 측면을 상대적으로 도외시하고 물질이 지녔다고 생각하는 기초적인 속성, 즉 '물리적 측면'만을 가시화해 나갈 가능성은 충분히 크다. 이 점이 바로 많은 사람들이 이른바 '물질주의'에 대해 우려의 눈길을 보내는 이유기도 하다.

그런데 우리가 여기서 채택하는 '놀라운 가설'은 오히려 그 반대의 측면을 강조하려는 것이다. 어떻게 물질만으로 이루어진 체계 속에서 주체로서의 '나'가 출현할 수 있으며, 또 이 '나'가 '나'로서의 삶을 영위할 수 있는가에 대해 최대한 깊이 있게 이해해 나가자는 것이다. 이렇게 이해되어야 할 항목 속에는 물론 자연의 법칙을 거스르는 것으로 생각되기도 하는 '나의 자유의지'도 포함된다. 이러한 이해에 접근해 나갈 때 우리는 우리들 자신에 대한 좀 더 깊은 이해에 도달할 것이며, 이것이 다시 보다 풍요로운 삶을 영위해 나가는 데 도움을 줄 것이라는 기대를 해볼 수도 있다.

우리의 이러한 입장은 안이하게 이원론에 머무는 자세와 커다란 대조를 이룬다. 이원론을 택할 경우, 양측이 지닌 주요 특성들은 서로 독립적으로 존재하므로 이들이 서로 달리 나타나는 것에 대한 설명이 필요하지 않다. 반면, 일원론을 취할 경우에는 이 두 가지가 모두 하나의 바탕에 연원하는 것으로 보므로 서로가 서로로부터 달라지게 된

연유에 대한 설명이 요청된다. 이러한 설명은 이들에 대한 한 차원 높은 이해 없이는 불가능하고, 이는 결과적으로 우리로 하여금 '물질'과 '의식' 모두에 대한 좀 더 깊은 이해로 이끌어 가게 한다.

(3) 의식 주체와 신경조직망

이러한 논의를 해 나감에 있어서 우리가 인정해야 할 첫 번째 대전제는 데카르트가 말하는 '생각하는 실체', 곧 '나'가 존재한다는 사실이다. 그러나 데카르트의 경우와는 달리 우리는 이것이 물질과 무관하게 존재하는 그 어떤 것이 아니라, '물질이 적정한 상황에 이르렀을 때 불가피하게 출현하는 그 무엇'이라는 입장을 취한다. 다시 말해 우리는 독자적인 두 개의 실체, 곧 '생각하는 실체'res cogitans와 '공간을 점유하는 실체'res extensa가 따로따로 있는 것이 아니라 물질이 이 두 성격을 동시에 나타낸다는 입장이다. 우리가 이러한 입장을 취하는 것은 그간 여러 과학적 탐구를 통해 인간의 의식과 그를 구성하는 신경조직망 사이의 상관관계가 극히 밀접하다는 사실이 속속 밝혀지고 있기 때문이다.

이는 물론 이러한 상관관계를 통해 인간의 의식 주체가 해명되었음을 말하는 것은 아니다. 우리는 오직 개연성이 매우 높은 한 가지 결정적인 가정을 도입할 수 있을 뿐이다. 즉 "신체를 구성하는 신경세포들의 조직망이 어느 정도 이상의 복잡성과 정교성에 도달할 때, 이러한 물질적 구성 안에서 스스로 자기 자신이라 여기는 '주체의식'이 발현

된다"는 것이다. 이러할 경우 이 신경조직망의 몇몇 주요 측면들을 통합적으로 그리고 통시적으로 관장하는 내적 기구가 형성되어, 이 전체에 대해 일관된 하나의 정체성을 부여하는 결과를 가져온다. 이는 이 신경조직망 자체가 되어 보지 않고는 도저히 파악할 수 없는 상황의 내적 측면을 가리키는 것이며, 이러한 점에서 주체의식이라고 하는 것은 신경조직망을 중심으로 하는 하나의 물질 구조가 스스로에게 부여하는 정체성의 내적 양상이라 할 수 있다.

신경조직망의 이러한 여건이 형성되었을 때, 의식 주체는 이를 바탕으로 여러 '활동'을 하게 된다. 우리가 흔히 정신 활동이라 부르는 이러한 활동 안에는 자각(스스로를 자신으로 의식하는 지각), 인식, 서술 등의 내용이 포함된다. 즉 내가 나 스스로 살아가고 있음을 아는 것, 내가 세계를 내다보고 이것이 과연 어떠한 존재인지를 파악하는 것, 내가 일정한 언어와 논리를 통해 그 무엇을 서술하는 것 등의 활동이 모두 이러한 의식 주체가 형성됨으로써 가능해진다. 만일 이러한 의식 주체가 형성되지 않는다면, 아무리 이 우주가 놀라운 존재고 또 그 안에 놓인 나 자신이 놀라운 존재라 하더라도 이것을 알아낼 방법이 없을 것이며, 이 안에서 그 어떤 의미 있는 행위도 할 수가 없을 것이다.

의식 주체의 입장에서 보자면 이러한 활동 그리고 이 안에서 이루어지는 나의 행위는 적어도 부분적으로는 내 의지대로 조정할 수 있는 것이므로, 이러한 일들이 내가 원하는 대로 내가 뜻하는 바에 따라 진행되는 것에 해당한다. 그러나 신경조직망이라는 관점에서 보자면 나의 이러한 활동과 행위 또한 나를 구성하는 신경조직망의 물질적 구성을 통해 이루어지는 것이므로, 이 모든 일들이 자연의 보편적 법칙에 따라 일어나는 하나의 물질현상임이 틀림없다.

그렇다면 이 두 관점은 서로 어떻게 조화될 수 있는가? 우리가 만일 의식 주체와 신경조직망을 두 개의 독자적인 실체로 인정한다면 이두 관점은 양립하기가 어려워진다. 즉 의식 주체의 입장이 옳다면 신경조직망의 관점이 틀린 것이고, 신경조직망의 관점이 옳다면 의식 주체의 입장이 틀린 것이다. 그러나 우리가 만일 이것을 동일한 한 실체의 양 측면, 곧 외적 측면과 내적 측면이 지니는 차이라고 보면 이러한 모순은 극복된다. 밖에서 보면 이것이 자연법칙의 규제에 따라 발생하는 현상이지만, 그러한 물질이 주체의식을 형성해 놓은 내적 측면에서 보면, 같은 현상을 두고, 자신이 원해서 일어나는 일로 해석할여지가 있는 것이다. 신경조직망의 내적 구조 자체가 자연의 법칙을 따르되 그것의 기능은 자체 생존에 유리한 방향으로 짜여 있으므로, 이러한 방향성 자체를 자신의 심적 지향으로 느끼는 주체의 입장에서는 이것이 자신의 의지에 따라 일어나는 것으로 보게 된다.

(4) 물리학은 주체의 자유의지와 양립하는가?

우리가 만일 이러한 점을 인정한다면, 우리는 다음과 같은 흥미로운 물음을 떠올릴 수 있다. 즉 '자연법칙에 대한 완벽한 이해를 지닌 외부의 관측자'가 있다고 할 때, 그는 의지적 행위를 하는 한 주체의 미래 행위에 대해 그 주체가 계획하는 정도 혹은 그 이상 정확히 예측할 수도 있을까 하는 물음이다. 좀 더 구체적으로, '내가 곧 오른팔을 들겠다'는 의지가 주체적으로 설정되었을 때, 이 사람을 대상으로 하는 이상적인 물리적 서술에서

  a. 의지가 설정된 직후 이 사람의 '오른팔이 곧 올라가리라'는 사건을 예측할 수 있는가?
  b. 의지가 설정되기 전에 이 사람의 '오른팔이 올라가리라'는 사건을 예측할 수 있는가?
  c. 이러한 의지 설정의 과정을 서술 또는 예측할 수 있는가?

하는 물음들이다. 이 세 문항에 대해 그 가능한 해답으로 우리는 다음과 같은 네 가지 입장을 생각해 볼 수 있다.

	a문항	b문항	c문항
첫째 입장	아니다	아니다	아니다
둘째 입장	그렇다	아니다	아니다
셋째 입장	그렇다	아니다	그렇다
넷째 입장	그렇다	그렇다	그렇다

  여기에 나타난 첫째 입장은 인간의 의지에 따른 행위에 대해서는 물리적 서술이 가능하지 않다는 것으로, 이는 물리적 서술과 생리적 서술 사이의 '상보성'complementarity을 내세우는 닐스 보어Niels Bohr의

입장에 가깝다. 그는 상보적인 이 두 서술 가운데 하나의 서술이 이루어지면 다른 하나의 서술은 가능하지 않다는 입장을 취한다(Whitaker 1996, 190~192쪽). 둘째 입장 역시 인간의 의지에 따른 행위에 대해서는 물리적 서술이 가능하지 않다는 것이지만, 일단 의지가 발동된 후에는 물리적 서술이 가능하다고 보는 입장이다.

위의 셋째 입장은 다소 특수한 것으로, 인간의 의지 설정 과정이나 의지 설정 이후의 사건은 물리적으로 서술 또는 예측할 수 있지만, 인간의 의지 발동 그 자체는 정상적인 물리적 서술 대상이 아니고 예컨대 양자역학의 파동함수 붕괴wavefunction collapse에 해당하는 매우 특별한 물리적 과정에 해당한다고 보는 관점이다. 이를 명시적으로 주장하는 사람은 로저 펜로스Roger Penrose인데, 그는 인간의 의식 현상을 중력 효과에 의한 파동함수의 붕괴 현상에 연관시키는 이론을 제기하고 있다(Penrose 2000).

위의 넷째 입장이 아마도 대부분의 과학자들이 받아들일 관점일 것이다. 이미 크릭이 명시적으로 주장하듯이 인간의 의지에 의해 나타나는 모든 물리적 현상들은 원리적으로 물리적 서술 및 예측이 가능하다고 보는 입장이다. 적어도 물리적 측면만으로 보자면 인간의 의지를 나타내는 현상이든 아니든 오로지 그 복잡성에서 차이가 있을 뿐 원리적으로 서로 다른 것일 수는 없으리라는 것이다.[10]

우리가 이 가운데 어떠한 입장을 취하던 간에 이러한 입장들을 취할 경우, 인식 주체가 스스로 느끼는 이른바 '자유의지'는 이러한 물리적 서술과 관련해서 어떻게 해석해야 할 것인가 하는 문제가 발생한다. 이미 앞에서 언급했듯이, '자유의지'라는 것을 신체의 물리적 바탕 속에 형성된 그 어떤 상황에 대한 주체적 파악의 한 양상이라고 해석할 때, 이러한 두 상황 파악의 양상이 과연 서로 양립할 수 있는가 하는 물음이 제기될 수 있다.

이 물음은 두 경우로 나누어진다. 그 하나는 의식의 주체가 물리적 서술의 주체를 겸하는 경우다. 만일 이 경우 물리적 서술의 주체가 자신이 앞으로 하게 될 일을 물리적으로 미리 예측한다면 그의 이른바 '자유의지'는 어떻게 되는가? 그는 자신의 예측과 어긋나게 행동할 수 있을까? 적어도 그것을 아는 순간 자신의 자유의지는 무의미해진다. 입학시험을 치르기 전에 자신의 합격 사실을 미리 알았다면 애써 입학시험을 치를 이유가 없어지는 것이다. 그러나 실제로 이런 일은 일어나지 않는다. 서술 주체가 서술하는 것은 대상의 외적 측면이며, 외적 측면을 본다는 것은 대상 자체가 아닌 다른 주체가 이를 서술한다는 것이다. 물리적 서술의 경우 대상과 주체는 (다음 장에서 좀 더 분명히 논의하는 바와 같이) 분명한 물리적 경계를 지니고 나누어져야 하기 때문에, 서술 주체가 자신의 의식 기구를 대상으로 물리적 서술을 해 나갈 수는 없다. 물론 제3의 관측자가 서술을 해서 그 예측 결

---

10 이것은 물론 이러한 예측을 현실적으로 해낼 수 있을 것인가 하고는 다른 문제다. 현실적으로는 그 어떤 기술적 이유 때문에 많은 어려움을 겪을 수 있으며, 어쩌면 영영 불가능할는지도 모른다. 그러나 이것은 원리적으로 가능하지 않다고 하는 것과는 다른 이야기다. 이와 함께, 여기서 말하는 예측은 양자역학이 말하는 불확정성 원리의 제약 안에서 이루어지는 예측을 의미한다.

과를 통보해 줄 수는 있다. 그러나 양자역학에 따르면 대상이 결과를 통보받는 순간, 대상은 외부로부터 간섭을 받는 결과가 되어 그 후의 일에 대한 기존의 예측은 무효가 된다. 결국 의식 주체는 자신의 미래 행위에 대한 물리적 예측을 해낼 수도 없고 통보받을 수도 없다.

그러나 의식 주체와 서술 주체가 다른 경우에는 이미 위에서 보았듯이(앞의 넷째 입장) 원리적으로 대상의 행위를 대상의 의지 발동 이전에 예측할 수 있다. 그러나 그는 이것을 대상 자신에게 알려 줄 수는 없다. 그것은 대상을 간섭해 대상에 대한 예측을 스스로 깨는 행위에 해당한다. 그러니까 그는 예측을 살리는 한 대상에 개입할 수 없고, 개입을 하면 그 순간부터 예측의 내용은 달라진다. 다시 말해 예측과 자유의지가 현실적으로 부딪치는 일은 나타날 수가 없다.

(5) 자유의지에 대한 크릭의 견해

크릭은 그의 저서 『놀라운 가설』의 마지막에 '자유의지에 대한 후기'라는 아주 짧은 글 하나를 덧붙이고 있다(Crick 1994, 266~267쪽). 이것이 자유의지에 대한 완전한 설명은 아니지만 우리의 맥락에서 한번 검토해 보고 지나갈 필요는 있다. 그는 이 글에서 우리 두뇌 안에서 일어날 것으로 여겨지는 매우 있음 직한 과정 몇 가지를 가정하고, 만일 이러한 과정이 실제로 일어난다면 우리는 스스로 자유의지를 행사한다고 '느낄 것'이라는 논지를 편다. 여기서 그가 제시하는 가정은 다음의 세 가지다.

① 두뇌의 한 부분은 미래 행위 계획에 관여한다. 그렇다고 이를 꼭 수행해야 하는 것은 아니다. 우리는 이러한 계획을 의식할 수 있으며, 최소한 이를 즉각적으로 기억에 떠올릴 수 있다.

② 우리는 두뇌의 이 부분이 하고 있는 '계산' 과정은 의식하지 않으며, 이것이 만든 '결정', 즉 그 계획의 내용만을 의식한다.

③ 하나 이상의 계획이 마련되었을 때, 어느 계획을 따라 행동할 것인가 하는 결정을 함에 있어서도 마찬가지 제약이 따른다. 즉 그 결정에 이르게 된 계산 과정은 잊혀지고 결정된 내용만이 상기된다.

이와 같은 일들이 성립된다고 할 때, 만일 그 두뇌 안에서 자신의 행위를 의인화personify할 수 있는 그 어떤 존재가 형성된다면, 그는 필시 자신이 '자유의지'를 가졌다고 느끼리라는 것이다. 그 당사자는 자기 두뇌 안에서 이미 프로그램되어 있는 내용의 일부를 의식 속에 떠올리고 이것을 수행의지와 연결시키지만, 이것이 어떻게 선택되었는지를 의식하지 않으므로 이것이 그 순간 자신의 결단에 의해 형성된 것으로 생각하게 된다는 것이다.

그런데 이때 만일 그가 프로그램을 따르는 과정에서 의식을 잃지 않고 '계산' 과정마저 놓치지 않고 충실히 따라가며 결정한다면, 이때도 역시 그가 자유의지를 가졌다고 볼 것인가? 아마도 프로그램을 기계적으로 따라가는 한낱 꼭두각시놀음에 불과한 것으로 보일 것이다. 적어도 물리적 질서를 거스르지 못한다는 점에서 자유의지를 상실했다는 생각을 할 수도 있다.

그러나 이것은 이미 '나'와 물리적 질서를 서로 다른 것이라고 나누어 놓고 볼 때 하는 이야기다. 이 단계에서 내 안에 각인된 물리적 질서 그것이 바로 '나'라고 생각하는 입장에서는 굳이 그러한 생각을 할 필요가 없다. 그 주체는 적어도 자기의 의미 체계 안에서 앞으로 일어날 일들에 대해 생각하고 계획할 수 있으며, 또 자신의 수행의지에 따라 원하는 결과를 도출할 수 있다. 이러한 결과가 물리적 질서에 맞추어 일어나는 것이든 아니든 그에게는 관여할 바가 아니다. 그는 현실 세계 안에서 행위를 하고 있으며, 그 행위의 결과가 현실로 나타난다. 반대로 그가 이 모든 것이 모두 이미 설정된 일이니 이에 관여하는 것이 무의미하다고 보아 행위를 포기한다면, 그것 또한 그가 선택한 하나의 행위가 되어 그에 해당하는 결과가 도래할 뿐, 행위를 포기하지 않고 수행했을 때와는 다른 결과가 나타난다. 즉 그 어떤 경우든 그는 결과에 영향을 주는 행위를 하지 않을 수 없는 것이다.

　그러므로 이러한 존재는 적어도 '그가 생각하는 의미의 세계' 안에서 주체적인 삶을 영위하며, 그가 이 안에서 '의미를 부여하는 만큼의 의미 있는 삶'을 향유하는 결과가 된다. 이에 반해 이 모든 물리적 질서를 파악해서 미래를 완벽히 예측해 낼 존재가 있다 하더라도 그가 만일 이 세계 안에서 그 어떤 행동에 관여할 방법을 갖지 못했다면, 그의 앎 자체는 무의미한 것이 될 것이고, 따라서 그에게는 의미를 지닌 어떤 삶이 주어졌다고 볼 수가 없을 것이다.

3

슈뢰딩거의 의식론

이른바 '슈뢰딩거 방정식'Schrödinger equation이라고 하는 양자역학의 기본 방정식을 제안해 현대 물리학의 초석을 놓은 슈뢰딩거Erwin Schrödinger는 다시 『생명이란 무엇인가?』라는 흥미로운 책을 써서 현대 분자생물학을 개척한 주역들을 이 분야로 끌어들이는 데 지대한 역할을 했다. 이것은 이미 역사의 한 대목이 되어 버린 유명한 일들이지만, 이에 비해 상대적으로 그리 큰 주목을 받지는 못한 또 하나의 사실로서, 그는 인간의 의식 문제에 대해서도 매우 독특한 관점을 제시한다. 그는 『생명이란 무엇인가?』 말미에 '후기'epilogue로 '결정론과 자유의지에 관하여'라는 제목의 짧은 글 하나를 추가하면서, 과학자로서는 무척 이례적인 논의 하나를 개진하고 있다(Schrödinger 1944, 92~96쪽).

(1) 내가 원자들을 움직이는가, 원자들이 나를 움직이는가?

이 글에서 그는, 자유의지와 관련해 양자역학의 불확정성 원리가 그 어떤 기여를 하리라는 가능성을 부정하면서, 다음과 같은 두 가지 움직일 수 없는 사실을 전제로 내세운다.

① 내 몸은 자연의 법칙을 따르는 순수한 역학적 기구로 기능한다.
② 그렇지만 나는, 부정할 수 없는 직접 경험에 의해, 내가 내 몸의 움직임을 지시하고 있음을 안다.

그러고는 놀랍게도 이 두 가정으로부터 "내가 자연의 법칙에 따라 '원자들의 운동'을 조정하는 존재" 라고 하는 결론을 도출해 낸다. 그리고 그는 이 사실을 종교적인 용어로 표현하는데, 이것은 더욱 충격적이다. 기독교의 용어로 말해 이것은 "나는 전능한 하느님이다"라는 말에 해당한다는 것이며, 힌두교Upanishads 용어로는 "아트만Athman 이 곧 브라만Brahman이다", 즉 "개인적 자아는 어디나 있고 모든 것을 파악하는 영원한 자아와 동일하다"고 하는 것에 해당한다.

여기서 우리는 슈뢰딩거의 이 종교 언어적 해석까지 받아들일 필요는 없으리라 생각한다.[11] 그러나 그의 주장, 곧 "내가 자연의 법칙에

---

11 사실 이 표현 때문에 슈뢰딩거는 그의 저서 『생명이란 무엇인가』(*What is life?*)를 출간함에 있어서 어려움을 겪었다. 이 표현을 굳이 빼 달라고 하는 처음 출판사와의 계약을 파기하고 새 출판사를 찾았으며, 그 때문에 출판 시기도 1년 정도 늦어졌다.

따라 '원자들의 운동'을 조정하는 존재"라고 하는 말은 한번 깊이 음미해 볼 필요가 있다. 이는 주체적 의식을 지닌 '나'라는 것이 이러한 물질적 현상에 내재하는 '존재의 한 양상'이라는 뜻이며, 이러한 '양상' 곧 '나'는 물질세계의 적어도 한 부분을 자신의 의지대로 움직인다고 스스로 파악하는 성격을 지닌다는 것이다. 여기서 중요한 점은 이러한 마음의 상태를 일으켜 주는 것 또한 물질일 것이고, 또 이러한 마음의 조정에 따라 움직이는 것 또한 물질이라는 점이다. 이 모두가 물질이기는 하지만, 이러한 마음 상태를 가진 물질의 입장에서 보면 자신이 주도하는 마음의 흐름에 맞게 물질의 움직임도 일어나야 하므로 이는 곧 자신이 물질세계를 조정한다고 말해도 될 것이다. 예를 들어 컴퓨터 안에 특정한 프로그램이 깔릴 경우, 만일 그 프로그램을 자기 자신이라 의식하는 어떤 물질적 여건이 형성된다면, 이렇게 형성된 의식의 주체는 자신이 자신의 의지대로 컴퓨터를 작동해 나간다는 생각을 할 수 있을 것이다.

그러나 이 상태에서 우리는 한 가지를 더 묻고 지나가지 않을 수 없다. "내가 자연의 법칙에 따라 '원자들의 운동'을 조정하는 존재"라고 할 때, 그 조정이란 뜻이 무엇이냐 하는 점이다. 이것은 분명히 물리적인 힘 외에 다른 어떤 영향력을 가했다거나 혹은 물리적인 상호작용 없이도 원자들의 물리적 운동에 영향을 주었다는 뜻은 아닐 것이다. 만일에 그랬다면 여기에다가 굳이 '자연의 법칙에 따라'라는 부사구를 삽입했을 리가 없다. 그렇다면 물리적으로 볼 때 '나'는 실제로 아무런 역할도 한 것이 없다. 그런데 왜 "내가 원자들의 운동을 조정했다"고 할까? 여기서 만일 이 '나'와 이러한 인과관계를 실제로 행사하는 물질이 서로 다른 존재라면, 이것은 분명히 말이 안 되는 이야기다. 그러므로 '물리적으로 볼 때' '나'는 이 물질과 다른 존재가 아니다. 사실 이 말은 너무도 당연한 이야기이기도 하다. "물리적으로 볼 때, 나는 틀림없이 물질이다!" 그런데도 '내가 원자들의 운동을 조정했다'고 할 때, '나'는 '물질의 한 양상'으로의 '나', 곧 '물질의 또 다른 측면'으로의 '나'를 말하며, 이 측면이 그 어떤 '수행의지'라는 것을 구성할 때 이 '수행의지'가 그 후 발생할 물질적 상황과 인과의 관계를 형성한다는 이야기다. 물론 이 '수행의지' 자체는 이전의 물질적 상황에 의해 마련된 것일 것이고, 그런 의미에서 '원자들'이 또한 '나'를 조정한 것도 사실이다. 그러나 내가 이미 내 의지를 의식하는 한 그 아래 깔린 원자들의 질서가 어떻게 되어 있건 그것은 현재의 내가 관여할 일이 아니다.

상황이 이러함에도 불구하고 이 문제가 계속 모순으로 느껴지는 것은 우리는 자기도 모르게 자꾸 이원론적인 사고를 하기 때문이다. 그러니까 이미 앞에서 지적한 바와 같이, '나'와 물질이 하나다 하는 사실만 깊이 생각해 보면 문제는 의외로 간단하다.

(2) 의식은 오직 하나인가?

슈뢰딩거는 한 걸음 더 나아가 이러한 주체가 지닌 개인적인 성격을 부정하고 세계 전체에 오로지 하나의 주체만이 형성된다고 보는 데, 이것 또한 매우 흥미로운 관점이다. 이 생각은 의식이라는 것이 결코 하나 둘 셀 수 있는 복수의 형태로 경험될 수 있는 것이 아니라고 하는 데서 출발한다. 그의 말을 들어 보자.

의식은 결코 복수in the plural로 경험되지 않는다. 오직 단수in the singular로만 경험된다. 의식 분열 혹은 다중 인격 같은 병적인 경우에도 두 인격은 결코 동시에 나타나지 않고 교대로 나타난다. …… 자아가 여럿이라는 관념, 정신이 복수라는 관념이 어떻게 생겨날까? 의식은 몸이라는 제한된 구역에 있는 물질의 물리적 상태에 의존하며 그것과 직접 연결된다. (사춘기, 노화기, 노망기 등 신체의 발달 단계에 따라 정신이 변하는 것, 또는 열, 중독, 마취, 뇌손상 등에 의한 결과를 생각해 보라.) 그런데 이런 몸들이 무척 많다. 따라서 의식, 곧 마음도 여럿일 거라는 생각이 매우 그럴듯한 가설로 들린다. 아마도 단순하고 순진한 모든 사람들, 그리고 대다수의 서양 철학자들이 이 가설을 받아들이는 듯하다.

이러한 생각은 곧 몸의 숫자에 해당하는 만큼의 많은 영혼들의 발명으로 이어진다. 그리고 이들 또한 몸처럼 소멸하는가, 아니면 소멸하지 않고 그 자체로 독자적인 존속이 가능한가 하는 물음이 제기된다. 이것이 소멸한다는 생각은 입맛에 거슬리고, 소멸하지 않는다는 생각은 이러한 복수성의 가설 바탕에 깔린 사실들을 망각하거나 무시하고 부정한다.(Schrödinger 1944, 94쪽)

그는 여기서 영혼들을 발명한다는 말을 하고 있다. 아마 몇 세기 전에만 태어났더라도 틀림없이 화형을 당했을 것이다. 이 말만 보자면 그는 지독한 유물론자처럼 들리지만, 사실은 일이 그리 간단하지 않다. 그가 부정하는 것은 다수의 의식이지 의식 그 자체가 아니다. 사실 생명조차도 다수의 생명이라는 것이 우리들의 잘못된 관념의 소산이 듯이, 의식 또한 다수의 의식이라든가 더 나아가 다수의 영혼이라는 것은 부적절한 관념의 소산일 수 있다. 그렇다면 이 사실을 우리는 어떻게 보아야 하는가?

> 유일한 대안은 의식이 단수라고 하는 우리의 직접적인 경험에 충실하자는 것이다. 의식이 복수라는 것은 알려진 일이 없다. 단지 하나일 뿐이며, 여럿으로 보이는 것은 이 하나의 다른 국면들인데, 이것들 또한 미망(인도어로 마야)에 의한 것이다. 이런 환영은 (마주 보는) 여러 거울이 달린 방에서도 나타나며, 가우리상카르Gaurisankar라는 봉우리와 에베레스트Mt. Everest라는 봉우리가 서로 다른 계곡에서 바라본 같은 봉우리라는 사실과도 같은 일이다.(Schrödinger 1944, 95쪽)

그러면서 그는 개인이 독자적인 의식을 가진다고 하는 생각은 자기 경험의 한계 때문에 나타나는 하나의 미망이며, 만일 한정된 경험에 의해 구획되는 의식의 내용을 독자적인 단위의식이라 본다면 그 경험의 내용이 바뀔 경우 이를 또 어떻게 보아야 하는지를 묻고 있다.

그러나 우리 모두는 자기 자신의 경험과 기억의 총체가, 다른 사람의 것과는 완전히 구분되는, 한 (독자적) 단위를 형성한다고 하는 부정할 수 없는 느낌을 가지고 있다. 그는 이것을 '나'라고 한다. 이 '나'라는 것이 무엇인가? …… 당신은 (젊은 시절의 나에 대해) '나였던 그 젊은 이'라고 3인칭으로 부를 수도 있다. 실제로 당신이 읽고 있는 소설의 주인공이 당신의 가슴에 더 가깝게 다가오고 훨씬 더 강렬하게 살아 있고 더 익숙하게 느껴질 수도 있다.(Schrödinger 1944, 95~96쪽)

이제 슈뢰딩거의 이러한 주장들에 대해 조금 더 깊이 생각해 보자. 여기서 우리는 두 사람이 각각 지니고 있는 의식을 서로 같은 것으로 보아야 할 것인가, 다른 것으로 보아야 할 것인가 하는 문제에 부딪친다. 먼저 우리가 의식을 일으키는 바탕, 곧 두뇌만을 보자면 이 둘은 분명히 서로 다른 데서 일어난다. 그렇지만 그 안에 담긴 내용을 이야기하자면 공통점이 매우 많다. 그러니까 우선 의식을 담는 그릇을 기준으로 할 것인가, 내용을 기준으로 할 것인가 하는 점부터 결정해야 한다. 그런데 여기에 문제가 발생한다. 우리는 앞에서 물질과 의식이 둘이 아니고 한 실체의 두 측면이라고 보았다. 그러니까 이들은 결국 그릇과 내용은 같은 것의 두 측면이라는 이야기가 되어 버린다. 그렇다면 의식을 담고 있는 그릇의 범위는 어디까지 뻗치느냐 하는 문제로 되돌아간다. 분명히 의식은 분자 하나, 세포 하나에 담길 수는 없다. 그러면 두뇌 하나에는 담기는가? 일견 그렇게 보이지만, 역시 고립된 두뇌가 의식 노릇을 할 것인가를 진지하게 생각해 보면 그렇지 않은 측면들이 나타난다. 두뇌들 간의 공동 작업으로 의식이 형성되는 것이지, 단일 두뇌만으로는 적어도 지금 우리가 아는 의식은 형성되지 않을 것이다. 그러니까 의식을 담는 그릇은 적어도 우리 사회가 만들어 내는 문화 공동체까지 가지 않을 수 없다는 이야기다. 즉 의식은 많은 점에서 문화 공동체의 공유물이며, 각각의 의식이라는 것은 이것의 약간씩 다른 복사본이라 말할 수도 있다.

이는 『춘향전』이 하나냐 여럿이냐 하는 이야기와도 흡사하다. 물리적인 책으로는 여러 개지만 내용으로 본 『춘향전』은 하나로 볼 수 있다. 이와 함께 우리는 또 여러 사람이 각각 기록한 일기장이 하나냐 여럿이냐를 물을 수도 있다. 이 경우에는 설혹 사람마다 흡사한 내용을 적었다 하더라도, 하나라고 말하기는 어려울 것이다. 여기서 우리는 의식이 하나인 측면도 있고 또 여럿인 측면도 있다는 점을 인정하게 된다. 우리의 상식이 여럿인 측면에 초점을 맞춘 것이라고 하면, 슈뢰딩거의 견해는 하나인 측면을 지적한 것이라 말할 수 있다.

여기서 우리는 이것이 낱생명과 온생명 논의와 관련을 맺음을 알 수 있다. 결국 우리의 의식은 각각 낱생명적인 의식을 지니면서도 전체가 서로 엮이고 유통이 되면서 마치도 온생명이라는 하나의 큰 그릇에 담긴 하나의 의식처럼 생각되기도 한다. 그러니까 온생명 전체로 보자면 하나의 큰 의식이 담겨 있다고 하겠지만, 각각의 낱생명 입장에서 보면 이렇게 하나로 연결된 전체 의식의 한 복사본에 다시 자체만의 특성을 가미한 변이본을 지니는 셈이다. 즉 우리가 실제로 접하는 의식이라는 것은 온생명 안에서 다듬어진 하나의 큰 의식이 각각의 작은 그릇으로 나뉘어 담기면서 그 그릇의 특성이 첨부되어 나타난 것이라 할 수 있다. 이렇게 해서 전체로서는 온생명 의식을 이루는 가운데, 그 안에 다시 서로 간에 많은 유사성을 지니면서도 또 독자적인 양상을 유지해 가는 낱생명 의식이 나타나며, 이러한 여러 층위의 의식들이 서로 간에 관계를 맺으면서 '의식 세계'라고 하는 또 하나의 세계를 이룬다고 할 수 있다.

4

의식 주체로서의 온생명

(1) 의식과 의식 주체

우리가 지금까지 취해 온 기본적인 입장은 물질과 의식이 둘이 아니며 하나의 실체가 지닌 두 측면, 즉 그것의 외적 그리고 내적 측면이라는 것이다. 그런데 이렇게 외적 측면과 내적 측면을 나눈다는 것은 무엇의 외부이고 무엇의 내부이냐 하는 문제를 제기하며, 따라서 우리는 이미 암묵적으로 그 안에 어떤 관측자, 곧 주체를 상정하고 있는 셈이다. 그러니까 그 무엇에 대해 의식이 있느냐 아니냐 하는 것은 그 안에서 이를 내적으로 파악할 주체가 형성되었느냐 아니냐 하는 것이라 할 수 있다.

이러한 점에서 우리는 의식의 주체라는 것이 어디에서 어떻게 형성되는지에 대해 관심을 가지지 않을 수 없다. 그런데 여기서 나타나는 어려움은 의식의 주체 혹은 주체의식이라는 것이 외면적인 것이 아니라 내면적인 것이므로 원칙적으로 그 자신 의식의 주체가 이미 되어 있지 않고는 이를 파악할 수 없다는 사실이다. 그러니까 적어도 의식에 관한 한 나는 "내가 의식을 가졌다"는 말밖에 더 할 말이 없다. 그러나 같은 인간의 경우, 나와 남이 크게 다를 이유가 없기에 남도 의식을 가졌을 것으로 추정할 수 있으며, 이러한 추정은 정도가 다소 약해지지만 다른 고등 동물들에게까지도 연장할 수 있다. 그렇기는 해도 그 이하로 내려가 단세포 생물에까지 이를 연장할 근거는 점점 찾기가 어려워진다.

반면에 인간 이상의 존재, 곧 각 단계의 공동체들에서 온생명에 이르기까지의 여러 대상에 대해서는 우리들 자신이 그 내부의 성원이므로 좀 더 쉽게 그 주체성을 이야기해 볼 수 있다. 예를 들어, 한 공동체 안에 나타나는 '우리'라는 개념이 이러한 집합적 자아를 함축하는 것으로 추정된다. 이는 곧 '작은 나'의 연장선에 있는 '큰 나'로 생각할 수 있으며, 이렇게 나아갈 경우 온생명에 이르러 '가장 큰 나'에 이르리라 상정할 수 있다.

(2) 온생명이 지닌 의식

어느 의미에서 온생명이야말로 가장 확실하게 의식을 지닌 존재라고 말할 수 있다. 생명 안에서 의식이 나타난다고 하면 이는 틀림없이 온생명 안에서 나타나는 것이기 때문이다. 그러나 여기에 다소 석연치 않은 문제가 남아 있다. 이 경우 의식의 주체는 무엇이며 이 주체는 과연 온생명을 '나'라고 느끼고 있을까 하는 점이다. 그러니까 우리는 다시 온생명 안에서 분명히 의식을 가진 존재는 무엇이며, 그 존재의 의식은 어디에까지 이르는가를 살펴볼 필요가 있다.

이러한 존재는 말할 것도 없이 인간이지만, 인간이 '나'로 느끼고 있는 의식의 범위는 사람에 따라 크게 다르다. 대다수의 경우 개인으로서의 자신, 그리고 가족 공동체의 범위를 크게 벗어나지 않겠지만, 일부 사람들은 국가나 민족 공동체에 강한 자아의식을 부여하고 있고, 또 상당수의 사람들은 아마 인류 공동체에까지 이러한 의식을 연장시킬 것이다. 그러나 온생명 혹은 그 이상의 존재에 대해 일체감을 느끼는 사람은 아마도 극소수일 것이다. 어쩌면 성인의 반열에 오른 사람들이거나, 그들의 가르침을 통해 큰 깨달음에 이른 사람들이 여기에 속할 수 있을 것이다. 그렇기는 하나 이러한 사람들이 존재했다거나 또 실제 존재한다는 사실은 온생명 안에서 온생명을 자기 몸이라 여기는 주체의식이 이미 발동하고 있음을 말해 주는 것이다.

앞에서 이미 언급했듯이 온생명은 우리가 직접 눈으로 보거나 마음으로 느끼기가 매우 어려운 존재이므로 자의식이 여기에까지 이르기는 쉽지 않은 일이다. 그러나 이제는 사정이 크게 달라지고 있다. 앞에서 '우주인의 눈'으로 비유했던 인간의 집합적 지성이 이제 온생명의 윤곽을 알려 주고 있으며, 이것이 바로 내 생명에 해당한다는 사실이 일반 사람들에게도 이해되기 시작한 것이다. 이렇게 해서 이러한 사실이 모두가 공감하는 형태로 우리의 문명 안에 자리를 잡을 때, 누구도 부정할 수 없는 온생명의 자의식이 떠오른다고 말할 수 있다.

(3) 온생명의 의식과 인간의 문명

이것이 바로 온생명의 자의식이 되겠지만, 우리 온생명이 진정한 의식 주체로 삶을 영위하기 위해서는 여기에 더해 행위의 역량을 마련할 필요가 있다. 마치도 사람이 삶을 영위하기 위해서는 자의식과 더불어 수족을 움직일 수 있어야 하는 것과 같은 이치다. 자기의 상황을 스스로 살피고 필요한 행위를 의식적으로 펴 나갈 수 있는 물리적 역량이 필요한 것이다. 그런데 우리 온생명은 놀랍게도 이러한 역량마저 갖추어 가고 있다. 즉 인류는 전 지구적인 정보 및 통신망을 구축해 가고 있으며, 또 필요한 작업을 수행할 수 있는 물리적 역량 또한 갖추고 있다. 단지 아직은 우리가 이러한 것을 온생명 개념과 관련해서 이해하고 있지 않을 뿐이다.

그러나 인간은 온생명 안에서 출현한 것이 분명하며, 인간의 문명 또한 온생명 안에 나타난 온생명의 한 현상임에 틀림없다. 이러한 점에서 온생명을 굳이 사람의 몸에 비유해 본다면, 인간의 문명이라는 것은 사람의 두뇌에 해당하는 것이라 할 수 있다. 문명을 두뇌에 비유할 수 있는 것은 온생명 안의 다른 구조들과는 달리 이것이 최상의 지적 기능을 지닌 존재이기 때문이다. 문명이 지닌 지적 기능은 불가피하게 개별 인간들의 지적 활동에 기반을 두지만, 이것은 단지 개인적 차원의 활동에 국한하지 않고 초개인적인 구조를 통해 정보와 지적 자산들을 축적, 전수해 가고 있다. 그리하여 이것은 인간 및 인공지능들을 동원한 집합적 활동을 전개함으로써 개별 인간의 기능을 크게 넘어서는 새로운 차원의 지적 존재로 떠오른다.

이제 이러한 상황들을 온생명의 관점에 맞추어 해석해 본다면 우리 온생명은 바야흐로 온생명 자체로서의 자의식을 지닌 진정한 주체로 깨어나는 순간이라고 말할 수 있다. 이는 실로 의미심장한 사건이 아닐 수 없다. 지구상에 생명이 출현한 지 40억 년 만에 처음으로 전체 온생명으로의 통합적 의식을 지닌 존재로 깨어나는 것이며, 이제부터는 이 온생명이 무의식적 생존이라고 하는 긴 잠에서 깨어나 스스로의 책임과 판단 아래 의식의 차원에서 새로운 삶을 영위해 나갈 첫발을 내디디는 것이다.

(4) 온생명의 건강 문제

그러나 인간이 문명을 이루어 나간다는 것, 즉 온생명이 지적 존재로 거듭난다는 것은 온생명의 신체 입장에서 보자면 가볍지 않은 대가를 치르는 결과가 된다. 우선 인간이 문명을 이루는 과정에서 주변 생태계에 엄청난 변형이 자행되어 왔다. 인간의 문명이 시작된 이래 많은 야생 동식물들이 멸종하거나 멸종 위기에 놓여 있으며, 생존하고 있는 대부분의 생물 종들도 그 서식지를 잃고 극히 위축된 형태의 생존을 유지하고 있다. 이들은 인간에게 유용한가 아닌가에 의해 보호 또는 제거의 대상으로 분류되어 왔으며, 생존 여건이 좋은 대부분의 서식지들을 인간을 위한 농경지나 목장을 위해 내주었다. 이와 함께 화석 연료, 핵에너지 등 강력한 새 에너지의 활용에 의해 지구 표면의 물리적 면모는 그 형태를 알아보기 어려울 정도로 변모해 가고 있으며, 최근에는 이른바 온실가스의 배출로 인해 지구의 기후 패턴 자체가 바뀌어 가고 있다. 말하자면 우리 온생명이 지적 존재로 거듭나기 위해 엄청난 진통을 겪고 있는 셈이다.

문제는 이것이 과연 온생명의 생리로 보아 견뎌 낼 만한 상태를 의미하는 것이냐 하는 점이다. 여기에는 물론 결정적인 대답이 존재하지 않는다. 온생명의 건강을 판단할 객관적 기준이 아직 마련되어 있지 않기 때문이다. 그러나 위에 언급한 야생 동식물들의 대규모 멸종과 이들의 서식지 상실, 지구 온난화를 비롯한 지구의 물리적·생태적 변모 등은 결코 예사로운 일이 아니며, 더구나 현재 진행되는 대부분의 변화가 모두 지수함수적 양상을 띠는 것이어서, 이들이 더 이상 길게 지속될 수 없음은 자명한 사실이다. 특히 오늘의 생태계와 기후 시스템은 그 안정성을 크게 훼손하고 있어서 약간의 예기치 않은 충격만 가해지더라도 전혀 감당할 수 없는 사태가 빚어질 상황이다. 이러한 가운데 오직 하나의 생물 종, 곧 인류만이 비정상적 '번영'을 거듭하고 있으나, 이러한 번영의 토대 또한 위태롭기는 마찬가지다.

이러한 상황을 인체의 건강에 비추어 보자면 특정 종류의 세포군이 무분별하게 증식되어 악성 종양을 형성하는 암적 증세와 아주 흡사하다. 인간의 문명, 즉 온생명의 두뇌를 구성한다고 볼 수 있는 개개의 인간들이 온생명 안에서의 자신의 위치와 기능에 대한 의식 없이 오로지 자체 증식과 본능적인 욕구 충족에만 전념하는 상황은 마치도 신체 안에서 자신의 위치와 기능에 대한 정보를 상실한 암세포들이 무분별한 증식만을 꾀하는 상황과 매우 유사하다. 이를 다시 온생명의 관점에서 조망해 본다면, 40억 년 만에 처음으로 온생명의 정신세계를 열어 줄 두뇌 구실을 할 것이 기대되는 오늘의 문명이 다른 한편에서는 암적 종양이 되어 온생명의 생리에 치명적 위험을 초래할 가능성을 함께 가지는 상황을 의미한다. 인간의 문명을 통해 온생명 자신이 새로운 지적 존재로 부상하는가 했더니 바로 이 문명 자체가 암적 종양이 되어 자신의 생존 자체를 위협하는 역설이 전개되는 것이다.

5

요나스의 생명철학

지금까지 우리는 크릭과 슈뢰딩거의 생각들을 중심으로 물질과 의식의 관계에 대해 생각해 보았다. 그렇다면 생명의 이러한 사항에 대해 다른 사람들은 어떻게 생각할까? 그 대표적인 사례로 특히 생명이라는 주제에 많은 관심을 보인 철학자 한스 요나스Hans Jonas의 입장을 들어 보기로 한다(Jonas 1966). 요나스 또한 생명에 대한 이원론적 사고에서 벗어나 일원론적 철학을 수립하려 했으며, 그 가운데서도 특히 인간의 책임 문제에 관심을 기울임으로 인해 최근 많은 주목을 받고 있다.

(1) 요나스의 존재론

요나스는 그의 논의를 생명관에 대한 역사적 고찰에서 출발한다. 요나스에 의하면, 인간이 처음으로 사물의 성격을 해석해 보려 시도했을 때, 생명은 도처에 보였으며 존재하는 것이 곧 살아 있는 것이라고 하는 생각을 매우 자연스럽게 할 수 있었다. 이것이 곧 오늘날 우리가 물활론物活論이라 부르는 것이다.[12] 이것에 따르면 모든 것에는 영혼이 존재하며 영혼은 어디서나 만나게 되어 있다. 그러나 이 관점은 곧 문제를 가져온다. 우선 자연계에는 도저히 살아 있는 것 같지 않아 보이는 물체들이 있다. 가령 바위나 돌들이다. 물론 이것을 속단할 일이 아니다. 이들도 영혼을 가지고 있고, 심지어는 그 영혼이 우리에게 어떤 영향력을 행사할 수도 있을는지(그럴 수 있음에도 불구하고 점잖게 가만히 앉아 있는 것인지) 우리가 어떻게 알겠는가? 그런데 이보다 좀 더 어려운 문제가 존재한다. 죽음의 문제다. 분명히 어느 순간까지 살아 있던 것이 그 삶의 흔적을 완전히 지워 버리는 것이다. 이것에 대한 한 가지 이해 방식은 이것을 생명의 변용transmutation이라는 형태로 해석하는 길이다. 이것은 사후 생존이라는 개념을 낳았고, 이러한 사실들이 원시적인 장례 관습 안에 반영되어 왔다.

그러다가 어느 시점에서 그 이해의 방향이 역전된다. 르네상스와

---

12 초기 단계의 물활론을 애니미즘(animism)이라 하며, 후기에 나타난 좀 더 관념화된 내용을 힐로조이즘(hylozoism) 또는 판바이탈리즘(panvitalism)이라고도 한다(Jonas 1966, 7쪽).

더불어 시작된 근대적 사고에 따르면, 사물의 자연스런 존재 양상은 물질이라는 (죽은) 형태를 띠며, 생명이라는 것이 오히려 예외적인 양상이라고 보는 것이다. 생명이라고 하는 것은 말하자면 적정한 물질의 체계 안에 영혼이 깃듦으로써 가능하게 된다는 생각이다. 이리하여 영혼과 물질이라는 이원론적 관점이 자리를 잡는다. 여기서 영혼은 어떠한 존재가 가지는가 하는 점에 대해서는 보는 관점에 따라 여러 가지로 나타난다. 식물, 동물, 인간에 이르면서 점차 영혼의 선명성에 차이가 있지만, 이들 모두에 영혼을 인정하는 입장과 오로지 인간에게만 영혼을 인정하는 데카르트의 입장에 이르기까지 다양하다.

이러한 이원론은 흥미롭게도 생명의 신체적 현상에 대해 물질과 이들 사이에 존재하는 합법칙적 질서만을 통해 이해하려는 방법론적 일원론을 허용한다. 다시 말해 신체 안에 나타나는 모든 물리적 성격을 영혼의 직접적인 개입이 없이 이해해 보려는 시도를 하며, 이러한 시도는 커다란 성공을 거둔다. 이렇게 되자 정신에 관련된 것으로 보이는 현상조차도 물질과 이들 사이의 상호작용을 통해서 이해하려는 시도가 나타나며, 이 또한 일정 부분 성공을 얻는다. 예를 들어, 정신 현상의 상당 부분은 두뇌의 신경세포적 현상과 관련해 이해할 수 있게 되며, 반대로 이러한 신경생리학적 바탕이 결여된 정신 현상은 생각할 수 없는 것으로까지 여기게 된 것이다.

그러면 이것으로 생명현상을 모두 이해했다고 말할 수 있는가? 여기에 만만치 않은 문제가 발생한다. 이와 관련해 요나스는 일찍이 흄이 지적했던 인과성의 문제를 거론한다. 즉 인과성이라는 것은 수동적인 지각만으로 포착해 낼 수 있는 성격의 것이 아니라는 주장이다. 우리에게 지각되는 현상 속에서 우리가 흔히 인과적 관련성을 가졌다고 생각하는 것은 우리 사고의 습관에 의해 나타나는 것이지 결코 사물 자체가 이러한 관계 속에서 발생하고 있음을 의미하는 것이 아니라는 것이다. 결국 인과성이라는 것은 사물 그 자체가 아니라 밖에서 주어지는 것인데, 흄은 이를 인간 사고의 습관에서 온다고 보았으며, 칸트는 다시 이를 인간의 지성 속에서 찾았다. 그러나 요나스가 보기에는 이 두 설명이 모두 적절하지 못하다. 우리가 신체적으로 분명히 느끼는 (인과의 한 요소라고 할 수 있는) 힘과 행위 자체를 이 이론들은 설명해 주지 못한다는 것이다. 즉 인과관계라고 하는 것은 우리 사유의 소산이 아니라 우리가 몸으로 직접 느끼는 존재론적 현실이라는 것이며, 따라서 우리가 존재에 대한 보편적 이론을 구성하려 한다면 이러한 내용을 반드시 그 안에 담을 수 있는 존재론이 마련되어야 한다는 것이다. 그의 말을 직접 들어 보자.

> 새로 마련할, 통합적, 즉 철학적 일원론은 (물질과 정신이라는) 양극성을 떨쳐 버릴 수가 없다; 이는 이것을 존재의 한층 더 높은 통합적 단일체 속으로 흡수해야 하며, 그 안에서 이들(물질과 정신)이 실재의 두 측면 또는 변화의 두 국면으로 나타나게 해야 한다. 이는 결국 이원론에서 처음 제기되었던 문제를 끌어안아야 함을 말한다.〔Jonas 1966, 17쪽〕

그렇다면 요나스는 이것을 어떻게 끌어안고 있는가?

아마, 바르게만 이해한다면, 인간은 결국 만물의 척도라 할 것이다. 이는 이성의 규율이 작용한다는 점에서가 아니라 심신心身 총체성의 대표적 구현물이라고 하는 점에서다. 이 구현물이야말로 우리에게 알려진 구체적인 존재론적 완전성의 최대치에 해당한다. 이 완전성으로부터 점진적인 존재론적 삭감의 과정을 통해 최종적으로는 단순한 기본 물질의 최소치에 이르기까지 모든 차원의 존재들이 환원적으로 설정된다. (이 최소치를 바탕으로 한 누적적 부가의 형태로 완전성이 이루어지는 것 대신.)〔Jonas 1966, 23~24쪽〕

이는 매우 흥미로운 관점이다. 인간은 적어도 생명계 안에서 갖출 것을 다 갖춘 대표적 생명체이므로 생명에 관한 존재론의 원형을 여기서 찾아보자는 이야기다.

살아 있는 신체는 구현성의 원형이다. 이것이 '내' 몸이 됨으로써 이것은 직접적인 내면성과 외면성을 하나로 아우른다. 이것이 경험 일반의 완비된 유일한 구현체다. 현실적인 이 구체적 충만으로 인해 공간 안에 있는 물질이, 그것이 아니었더라면 오직 외적으로밖에 경험하지 못했을 것이지만, 내적 지평 또한 가짐을 알 수 있고, 그래서 공간을 차지하는 존재가 존재의 전부가 아님을 알게 한다.〔Jonas 1966, 24쪽〕

그래서 그는 인간, 특히 인간의 신체가 내적 지평을 가지는데, 이것과 외적 지평 사이의 연결 고리가 문제의 핵심이라는 점을 지적한다.

생명은 물질적 생명, 곧 살아 있는 신체, 곧 유기적 존재를 의미한다. 이 신체 안에 존재의 매듭이 지어 있는데, 이원론은 이것을 풀지 않고 잘라 버리려 한다. 유물론과 관념론은 서로 자기 위치에서 이것을 눌러 버리려 하지만 오히려 여기에 걸리고 만다. 생명 문제의 중심적 입장은 어떤 주어진 존재론을 평가함에 결정적인 목소리를 발한다는 것뿐 아니라, 그 자신을 다룸에 있어서 존재론 전체를 불러들여야 한다는 점이다. 이 전체 안에는 이 문제를 풀지는 못하고 오직 제기만 했던 존재론을 포함해 역사적으로 떠올랐던 모든 존재론의 가능성이 포함된다.〔Jonas 1966, 25쪽〕

결국 요나스가 취하는 존재론은 물질과 의식을 그 안에 포함함으로써 생명의 모든 성격을 다 끌어안아야 한다는 점과 이들 사이에 맺힌 매듭을 어떤 식으로든 풀어내야 하는데, 아직 이것은 여전히 풀어야 할 과제로 남는다는 것이다. 여기서 안타까운 것은 그가 이것을 한 존재의 내면성과 외면성이라 말하면서도 그것 자체가 하나의 양면성임을 꼬집어 이야기하지 못한다는 점이다. 우리가 앞에서 보았듯이 이 점을 인정하면 이 매듭은 그가 이미 상정하고 있는 '일원이측면론'—元二側面論 안에서 별 무리 없이 풀린다. 그는 어쩌면 스스로 일원론적 존재론을 말하면서도, 머릿속에서는 여전히 이원론적 사고를 진행시키고 있었던 게 아닌가 하는 생각이 든다.

(2) 요나스의 '신화'

이러한 존재론과 함께 요나스는 생명의 궁극적 의미, 그리고 신과 인간 사이의 관계 등에 대해서도 이야기를 하고 있다. 그는 마치도 온 생명이 궁극적으로 지향해야 할 최종 모습을 보여주기라도 하려는 듯이 마니Mani교의 한 경전에 나타난 다음과 같은 이야기를 인용하고 있다.[13]

우주가 해체되는 종말에 가서 빛의 사고Thought of Light는 자신 안으로 모여들어 마지막 영상Last Image의 모습으로 그 자신Self을 형성하게 된다. …… 그의 살아 있는 정신으로 그는 모든 것 속에 들어 있는 빛과 생명을 이끌어 내어 그의 몸을 이룬다. …… 그는 자신의 영혼을 거두어들여 마지막 영상의 모습으로 그 자신을 형성한다. 그대는 그가 자기 몸을 휩쓸면서 그에게 적합하지 않은 불순물들을 걷어 내고 모든 것 속에 들어 있는 생명과 빛을 그 자신에게로 모아 자신의 몸을 구성하는 모습을 볼 것이다. 그러고는 이 마지막 영상이 이를 구성하는 모든 구성원들 안에서 완벽해질 때, 이것은 살아 있는 정신을 통한 커다란 투쟁을 헤치고 들어 올려질 것이다.

〔Jonas 1966, 273쪽〕

---

13 Kephalaia V. 29, 1-6; 54, 14-24: Manichaische Handschriften der Staatlichen Museen Berlin, Bd. I: Kephalaia, 1. Halfte (Stuttgart, 1940). 〔Jonas 1966, 273쪽에서 재인용〕

여기서 '마지막 영상'이라는 모습으로 그려 내고 있는 이 큰 생명은 그 성장하는 과정에서 이루어진 모든 가치가 마지막으로 모여 불멸의 존재로 상승하게 됨을 말한다. 우리는 아직 이것이 구체적으로 어떤 형태를 지닐지는 알 수가 없지만, 삶의 지향이라는 것이 전혀 무의미한 것이 아니라면 우리는 의미의 정점으로 향한 이러한 삶에 동참해야 할 것이며, 최후에 이것은 낱생명으로서의 우리가 바라는 개체적인 보상은 아니더라도 고양된 가치를 지닌, 어쩌면 훨씬 더 큰 의미를 지닌 형태로 이루어질 것이라는 기대를 해보게 한다.

그렇다면 이러한 일이 이루어질 우주는 도대체 어떠한 존재론적 성격을 가진 것인가? 이 점에 대해 요나스는 다음과 같은 매우 흥미로운 '신화'를 제시한다. 신적 존재the Divine라고도 불릴 수 있고 또 존재의 근원the ground of being이라고도 불릴 수 있는 그 어떤 존재가 태초에 끝없는 '되어 나감'becoming 속에 자신을 내맡겼다는 것이다. 그가 보기에 이 신적 존재는 기회와 위험을 동시에 지닌 이 모험적 과업의 진행에 대해 직접적인 아무런 영향도 행사하지 않는다. 오히려 이를 통해 나타나는 결과에 따라 기쁨과 괴로움을 스스로 감수하면서 그 결과를 스스로 지켜본다. 결국 이 사업이 성공을 할 것인가 혹은 비참한 실패로 끝날 것인가 하는 것은 이 안에서 빚어진 생명인 우리들 자신이 결정할 문제라는 것이다. 이러한 사실을 그는 "신이 우리를 구하는 것이 아니라, 우리가 신을 구해야 한다"고 하는 한마디 말로 압축한다.

사실 요나스가 이러한 신화를 제시할 수밖에 없었던 배경에는 신의 전능성을 가정할 경우 좀처럼 피하기 어려운 우주론적 역설이 놓여 있다. 즉 전능한 신이 왜 불완전한 인간을 창조했는가 하는 점이다. 우리가 설혹 신의 계획을 불완전한 인간이 최후의 승리로 향해 나아가는 구도로 이해한다 하더라도, 이 최후의 승리가 전능한 신에 의해 보장된다고 한다면 이는 여전히 인간의 행위가 꼭두각시 이상의 것이 될 수 없다. 손오공이 아무리 애써 보아야 '부처님 손바닥' 안에 있다는 이야기다. 여기서 우리는 인간에게 책임을 물을 수 없다. 이미 그렇게 운명 지어져 나온 존재이기 때문이다. 그러므로 인간의 삶에 진정한 의미와 책임을 부여하기 위해서는 신은 한 걸음 물러서야 한다. 그러나 장난으로 물러설 수가 있을까? 이것이 만일 장난이 아니라면, 적어도 요나스가 보기에는 신이 인간을 구하는 것이 아니라 인간이 신을 구해 낼 처지에 있는 것이다.

이것은 의미심장한 신화다. 그러나 이러한 신화밖에 만들어 낼 수가 없을까? 인간의 삶, 그리고 지구상의 생명이 진정한 의미를 지니기 위해서는 이를 의식적으로 운영해 나가는 삶의 주체 외에 그 어떤 존재도 이를 강제할 수 있어서는 안 되며, 또 지금까지의 상황으로 보자면, 이것은 사실인 듯하다. 실제로 삶의 주체로서의 우리는 이것이 사실이어야 함을 요구한다. 우리가 만일 이 점을 인정한다면, 우주의 섭리는 여기에 맞게 이루어져 있으며, 생명과 인간을 창조한 창조주는 이것이 가능한 우주를 만들었다고 보아야 할 것이다. 그런데 만일 이러한 삶이 그 지향할 바른 가치에서 벗어날 경우, 이 우주적 실재는 요나스가 상정하듯이 이를 오직 안타깝게 지켜만 보고 있을 것인가? 그렇게 생각할 필요는 없을 것 같다. 이러한 생각 또한 우주적 실재를 의

인화해서 보는 데서 오는 역설일 수 있기 때문이다. 우주적 실재야말로 생명 내적인 가치마저 초월해 있는 존재가 아닐까? 우주의 섭리는 오히려 가치 창출이라는 이러한 흥미로운 구도를 작동하는, 그러면서도 이것조차 넘어서는 상위의 존재일 수 있다. 이 존재가 인간의 탈을 쓰고 비켜나 있으면서, 자기를 구해 주기를 바란다는 요나스의 이 시나리오는 그러니까 상황의 신화적 '각색'이라 봄이 아마도 타당할 것이다. 신화 자체에 대한 이런 임의로운 해석에 대해 용서를 구하면서 감히 그의 사상을 정리해 보자면, 우리가 지금 나서서 신을 구해 내야 하겠다는 이 자세야말로 오늘 우리가 온생명의 주체로서 우주 안에 놓인 우리의 책임을 극대화해 나가자는 자성의 목소리가 아니겠는가 하는 생각이 든다.

4장

나와 너 그리고 우리 - 삶과 앎

우리 삶이 놓인 자리

(1) 나와 우리

우리는 앞에서 생명의 물리적 측면인 신체와 정신적 측면인 의식이 하나의 실체가 지닌 두 측면, 곧 외적 측면과 내적 측면이라고 보아 왔다. 그러니까 이 외적 측면과 내적 측면 사이에는 당연히 일정한 대응 관계가 맺어진다. 그런데 이들 사이의 대응 관계는 그리 간단하지가 않다. 이제 사람의 의식과 관련해서 좀 더 깊이 생각해 보자.

사람의 의식을 관장하는 신체 기구는 두뇌, 그리고 조금 더 넓혀서 중추신경계라고 말할 수 있다. 사람의 의식이라는 것은 어느 의미에서 이러한 신체적 기구의 주체적 양상이라고 볼 수 있다. 그런데 무척 흥미로운 사실은 이 의식이 '나'라고 생각하는 내용이 이러한 신체적 기구와 일치하지 않는다는 점이다. 사실 의식의 주체로서는 자기의식을 가능하게 하는 신체적 기구가 어디에 어떻게 놓여 있는지도 잘 알지 못한다.[14] 그러면서도 의식은 주체로서의 '자기'를 곧잘 상정하는데, 이것이 우리가 흔히 말하는 '나'의 내용이다.

그렇다면 우리의 의식이 상정하고 있는 '나'란 무엇을 말하는가? 우리의 일차적인 상식에 의하면 이것은 곧 '내 몸', 즉 의식을 일으키는 사람의 신체를 지칭한다. 우리는 이것이 우리 신체 안의 어떤 부위에서 어떤 기제에 의해 이루어지는지는 잘 모르지만 어쨌든 신체 안에서 나타나고 있음을 알며, 또 신체는 더 나눌 수 없는 하나라는 생각에서 '나'와 '내 몸'을 강하게 연결시킨다. 그리고 '나'라는 관념 속에는 '내 몸'을 지키고 보살피려는 본능이 짙게 깔려 있어서 항상 몸 자체를 의식하게 되어 있다.

그런데 좀 더 깊이 고찰해 보면 '나'의 내용 속에는 신체로서의 내 몸만 들어 있는 것이 아니다. 오히려 한 인격체로서의 '나', 그리고 한 '삶'의 주체로서의 '나'가 더 중요한 내용으로 자리 잡고 있다. 누가 나를 힐난할 때 내가 느끼는 불쾌감은 내 신체에 어떤 위해가 오기 때문이 아니다. 한 인격체로서, 한 삶의 주체로서 '나'가 점유하는 위상, 곧 품위에 손상이 오기 때문일 것이다. 이렇게 볼 때 '나'라는 것이 지니고 있는 내용은 단순한 신체의 범위를 크게 벗어나, 정신적 삶이라

---

14 사람들은 오랫동안 사람의 마음이 심장 안에 들어 있다고 생각했다. '심장'(心腸)이라고 하는 한자어가 말해 주는 것도 바로 그것이다.

고 하는 새로운 차원의 존재성을 확보한다. 물론 그렇다고 하더라도 신체적 의미의 내 몸과 완전히 결별할 수 있는 것은 아니다. 앞서 말한 것처럼, 이것을 느끼는 내 의식 자체가 내 신체를 통해서만 작동하며, 내 신체를 건강하게 그리고 안락하게 보존하는 일이 또한 내 삶의 주된 관심사에서 벗어날 수 없는 일이기 때문이다.

이리하여 우리는 주체적 삶이 내포하고 있는 '나'의 범위 안에 최소한 신체로서의 자신의 몸과 인격체로서의 한 개인이 포함되어야 함을 알 수 있다. 그러나 이것은 단지 시작에 불과하고, 삶의 주체로서의 '나'가 지니고 있는 개념의 범주는 더욱 넓게 확장되어 나간다. 이러한 확장의 첫 단계로 우리가 생각할 수 있는 것은 함께 살아가는 사람들을 아울러 마련한 공동 주체, 곧 '우리'라는 개념이다. 우리의 삶은 결코 하나의 낱생명인 단독 개체로 분리되어 이루어지지 못한다. 같은 목표를 지향해서 협동해 살아가는 다수 개인의 집단이 많은 경우 의미 있는 삶의 단위를 형성하며, 이렇게 될 경우 '나'의 범위를 넓혀 자신을 포함한 이 전체 집단을 새로운 하나의 삶의 주체로 인식할 수 있다. 이렇게 인식된 새로운 주체가 바로 '좀 더 큰 나'인 '우리' 개념이다.

그러나 이러한 '나'의 확장은 비단 함께 살아가는 사람들의 이러한 '우리'에 그칠 필요가 없다. 내 몸이 '나'의 범위 안에 들어오는 이유가 내 삶을 영위해 나감에 있어서 이것이 꼭 필요하며 또 보살핌을 받아야 하는 대상이기 때문이라고 한다면, 우리 삶을 영위해 나감에 있어서 꼭 필요하며 또 보살핌을 받아야 할 다른 모든 것을 더 큰 의미의

'나' 안에 포함시키는 것 또한 당연하다. 우리가 만일 이 점을 인정한다면 우리의 삶이 이루어지기 위해 필요한 가장 포괄적인 생명의 체계인 온생명을 '나' 속에 포함시키는 것 또한 매우 자연스런 일이다. 사실 이렇게 규정된 '나'야말로 '작은 나' 그리고 '좀 더 큰 나'에 대비되는 '가장 큰 나'라고 할 수 있다. 이것은 '함께 사는 사람들로서의 우리'를 넘어선 '온생명으로서의 우리'에 해당하는 것으로, 이를 간단히 줄여 여기서는 '온우리'라 부르기로 한다. 이렇게 할 경우, '온우리'는 '온생명'의 주체적 측면을 말하는 것으로서 우리가 바로 온생명의 공동 주체를 형성하고 있음을 강하게 시사하는 개념이 된다.[15]

여기서 한 가지 유의할 점은 '나'의 개념을 이렇게 확장시켜 나간다고 해서 보다 작은 '나'들이 해소되거나 의미를 상실하는 것은 아니라는 점이다. 작은 단위의 '나'는 그 나름대로의 의미와 역할을 가지며, 여기에 더해 공동 주체로서의 '나'(우리) 그리고 최종적으로는 온생명으로서의 '나'(온우리)가 함께 의식의 주체로 떠올라, 우리의 삶을 다차원적으로 이끌어 간다. 이렇게 될 경우 떠오르는 새로운 과제가 바로 이 각 층위의 '나'들이 서로 간에 어떤 관계를 맺으며 어떻게 조화를 이루어 나갈 것인가 하는 점이다. 사실 우리의 삶이 현실적으로 부딪치는 많은 문제들이 바로 이러한 여러 층위의 '나'들 사이의 관계를

---

15 이러한 조어(造語)는 물론 처음에 무척 생소하고 어색한 느낌을 주기도 하지만, 우선 필요에 의해 마련하지 않을 수 없었던 용어고, 또 '온생명'이란 용어가 그랬던 것처럼 사용해 감에 따라 점차 그 어색함이 줄어들 수 있으리라는 기대도 가져 본다.

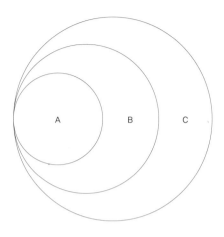

〈그림 3〉

인간이 지니는 세 층위의 '나' : 작은 원 A는 '가장 작은 나', 곧 개인으로서의 '나'를 나타내며, 가운데 원 B는 '좀 더 큰 나', 곧 '우리'를 나타내고, 큰 원 C는 '가장 큰 나', 곧 '온우리'를 나타낸다. 우리는 이런 다중적인 주체를 이루며 삶을 영위한다.

조정하는 일에서 파생되고 있다.

우리 삶에서 나타난 주체들 사이의 이러한 관계를 도식으로 표현해 보면 〈그림 3〉과 같다. 이 그림에서 작은 원 A는 '가장 작은 나', 곧 개인으로서의 '나'를 나타내며, 가운데 원 B는 '좀 더 큰 나', 곧 '우리'를 나타내고, 가장 큰 원 C는 '가장 큰 나'인 '온생명으로서의 우리', 곧 '온우리'를 나타낸다. 이것이 결국 이런 다중적인 주체를 이루며 삶을 영위해 나가는 우리들 자신의 모습이라 할 수 있다.

여기서 문제를 조금 더 복잡하게 만드는 것은 '우리'를 형성하는 공동체 그리고 공동 주체가 또한 다층적이며, 그 성격도 무척 다양하다는 사실이다. 가장 낮은 차원에 가족 공동체가 있고, 그 위로 지역 공동체, 부족 공동체, 국가와 민족 공동체, 인류 등 매우 다양한 공동체가 있다. 이들은 대체로 각 개인을 중심으로 동심원 형태를 취하지만, 위로 올라갈수록 더 많은 구성원을 그 안에 포괄한다. 이러한 의미에서 보자면 위의 그림에 나타난 '좀 더 큰 나'는 사실 하나의 원이 아니라 다양한 크기의 수많은 원들이 겹쳐진 것으로 생각해야 한다. 단지 이 그림에서는 편의를 위해 하나의 원(B)으로만 표현했다.

(2) 나와 너의 관계

앞에서 우리는 여러 층위의 '나'에 대해 생각해 보았지만, 여기서는 다시 개체로서의 '나'와 '우리', 곧 공동 주체로서의 '나' 사이의 문제만으로 좁혀서 생각하자. 여기서 '우리'라 함은 개인들 사이의 협동에 의해 이루어지는 상위 개체, 즉 공동체 안에 나타나는 주체적 성격을 의미한다. 그런데 내가 내 몸의 주체가 된다는 것과 내가 공동체의 주체가 된다는 것 사이에는 한 가지 커다란 차이가 있다. 내 몸의 주체가 될 경우에는 개체로서의 '나'가 전적으로 그 삶을 주관하지만, 공동체의 주체가 될 경우에는, 앞에서 이미 언급한 바와 같이 개체로서의 '나'가 전적으로 해소되는 것이 아니라 이것이 공동 주체로서의 '나'와 함께 내 삶을 주관하는 데 참여하게 된다. 여기서 우리에게는 이 두 '나' 사이의 관계를 조정하는 일이 하나 더 주어지며, 이 점에서 삶 그 자체를 자의적으로 영위할 공간이 넓어진다. 가령 내가 어떤 특정 공동체에 대해 공동 주체로서의 '나' 의식을 얼마나 강하게 행사하느냐 하는 것은 이미 상당 부분 주체로서의 내가 취할 수 있는 자유의 영역에 속하는 일이다. 이것은 전적으로 내 의지만으로 될 일은 아니지만, 나는 최소한 이를 의식해 가며 내 판단에 맞는 자세를 취해 나갈 자유는 지녔다고 할 수 있다. 이러한 점에서 공동체와 공동 주체 사이의 연관 관계는 매우 다양하고 복잡한 양상을 띤다. 즉 한 공동체에 대한 공동 주체의식은 개체로서의 '나'를 소멸시키고 거의 전적으로 공동 주체에만 충실하게 되는 경우도 있을 수 있고, 반대로 공동 주체의식을 전혀 느끼지 못하거나 심지어 이를 적대시하는 경우도 있을 수 있다.

이와 아울러, 공동체를 구성함에 있어서 개체로서의 '나'와 공동 주체로서의 '나' 사이에 다시 흥미로운 문제가 하나 발생한다. 공동 주체로서는 함께 '나'에 속하면서 개체로서는 '나'에 속하지 않는 여타 개체들, 즉 '너'가 존재하게 되며, '너'와 '나' 사이의 관계라고 하는 새로운 과제가 발생하는 것이다. 그렇기에 내가 어느 '나'의 입장을 취하느냐에 따라 '너'는 나의 일부가 되기도 하고 나와 무관한 남이 되기도 한다. 이러한 사실이 심정적으로는 애증의 관계로 표출될 수가 있고, 사회적으로는 협동과 경쟁의 문제로 나타나기도 한다. 이것은 기본적으로 공동체 안에서 개체로서의 '나'가 소멸되지 않았기 때문에 발생하는 현상인데, 결국 이것이 각자의 몫이라든가 역할 배분 문제를 비롯해 각자의 의견이나 취향을 조정하는 문제에 이르기까지 다양한 문제들을 불러일으킨다.

우리가 잘 알다시피 주체들 사이의 이러한 관계는 우리 삶의 바탕에 놓여 우리의 일상적인 삶을 규정하는 데 중요한 구실을 한다. 우리는 이러한 관계를 바탕으로 의식주를 비롯한 소요 물품의 수급, 생활 시설의 확보 등 중요한 여러 관심사를 처리하고 조정한다. 우리 삶이 지닌 이러한 성격은 우리의 언어 형태 안에도 거의 그대로 반영되고 있다. 우리의 언어 안에 1인칭으로 '나'와 '우리'가 들어가고, 2인칭으로 '너'와 '너희'가 들어가며, 나머지 직접 대면하지 않는 인물이나 관심 품목들이 3인칭 속으로 들어가 객관적 서술의 대상이 되고 있음이 바로 우리의 이러한 삶의 모습을 반영한 것이라 할 수 있다.

2

앎의 출현과 성장

(1) 삶의 양태와 앎의 영역

이러한 삶의 자리에 놓인 의식의 주체는 자신의 주관 아래 다양한 생존 활동을 수행한다. 이러한 활동은 부분적으로 본능 속에 각인된 행동 양식이나 문화 속에 설정된 행위 규범을 따르지만, 많은 경우 구체적인 현실 상황 파악과 이에 대한 합리적 대처 능력에 크게 의존한다. 이때 요구되는 것이 상황 파악과 대처를 위한 지적 활동이며, 이를 뒷받침하는 것이 바로 그의 의식 안에 내장된 앎의 내용이다.

앎이 무엇이라고 정확히 규정하는 것은 쉬운 일이 아니겠지만, 한 가지 확실한 것은 삶의 세계를 정신의 차원에서 재구성해 현실 세계에서 부딪칠 여러 삶의 단편들을 예행 또는 반추할 수 있게 해 주는 기능이라 말할 수 있다. 그렇기에 이것은 삶의 현장을 되도록 정확하게, 그리고 정교하게 반영하는 것일수록 그 기능을 좀 더 잘 수행해 낼 수 있을 것이다. 그리고 이것은 사람이 지닌 다른 본능적 행태와는 달리 주체의 적극적인 활동을 통해 마련할 수 있는 의식적 행위의 소산이기도 하다. 사람은 앎을 얻기 위한 적극적인 활동에 나설 뿐 아니라 서로 간에 앎을 나누고 공유해 가는 과정이 삶의 중요한 한 부분을 이루고 있다. 여타의 생물 종들과 달리 특히 인류의 생존은 이러한 앎의 쟁취와 활용에 크게 의존해 왔고, 지금도 그 활동은 지속되고 있다. 결국 인간에게 있어서 앎이라고 하는 것은 성공적인 삶을 영위하기 위해 마련해야 할 가장 소중한 내적 자산이라 할 수 있다.

이러한 점에서 앎의 성격 또한 삶의 양태와 밀접한 관련을 가지는 것은 너무도 당연한 일이다. 이미 우리가 위에서 본 바와 같이, 우리 삶의 주된 관심사인 '나'와 '너' 그리고 '그것' 등은 우리의 언어 형태 속에 그대로 반영되어, 주체인 화자話者와의 관계에 따라 1인칭, 2인칭, 3인칭으로 나누어지는데, 이는 곧 우리의 앎이 추구하는 필연적인 관심사이기도 하다. 다시 말해 우리의 앎 또한 이러한 관심사들에 맞추어 구분해 보는 것이 매우 적절하리라는 생각을 해볼 수 있다. 삶의 주체 입장에서 볼 때 우리의 관심 영역은 '나'에 직결되는 부분, '너'에 직결되는 부분, 그리고 그 외의 물리적 대상인 '그것'에 관계되는 부분, 이렇게 크게 세 영역으로 나누어 볼 수 있겠고, 이에 맞추어 다음과 같은 세 유형의 관심사를 생각해 볼 수 있다.

① 나의 나와의 관계에 대한 관심사

② 나의 너와의 관계에 대한 관심사

③ 나의 그것과의 관계에 대한 관심사

이러한 관심사들은 곧바로 세 종류의 앎, 곧 '내가 아는 나에 대한 지식', '내가 아는 너에 대한 지식', '내가 아는 그것에 대한 지식'의 형태로 내게 간직될 것이다. 이제 이들 세 부류의 지식에 대해 좀 더 자세히 살펴보자.

첫째 부류는 나의 나 자신에 대한 관심사를 나타내는데, 이는 주로 내 삶에 대한 앎에 관계되는 것이어서 이를 편의상 '대생對生지식'이라 부르기로 한다. 실제로 이것은 '나'에 관계되는 것이므로 '대아對我지식'이라 할 수도 있으나, 여기서의 주된 관심사가 나 자신이라기보다는 내 삶에 관한 것이므로 대생지식이란 표현이 조금 더 적절할 듯하다. 둘째 부류는 나와 대등한 인격체이면서도 나와는 구분되는, 그러면서도 나와 중요한 관계를 맺는 존재인 (여타) '사람'들에 대한 것으로 이를 '대인對人지식'이라 부르기로 한다. 나 또한 사람이므로 나에 대한 지식도 여기에 포함될 수 있으나, 그것은 남이 알아볼 수 있는 나에 대한 내용에 국한한다. 셋째는 이 두 부류 이외의 모든 대상을 망라하는 것으로, 이를 대물對物지식이라 지칭하기로 한다.[16]

이제 이 각 부류의 지식에 관계되는 간단한 사례들을 생각해 보자. 1인칭의 문장으로, "나는 기쁘다"고 말하는 경우가 있다. 이것은 분명히 나의 나 자신의 상태에 대한 일정한 내용을 표출한다. 이것은 나 아닌 그 누구도 직접 확인할 수 없는 내 고유의 상태를 말하는 것이고, 이것은 적어도 내 삶의 양상에 해당하는 한 국면을 지시하고 있다. 이를 내가 지닌 '지식'이라 말한다면, 이는 곧 내 삶의 한 정황을 말해 주는 '대생지식'에 해당한다.

다음에 2인칭으로 표현되는 문장으로, "너는 착하다"라는 말을 생각해 보자. 나는 여기서 나에 대등한 인격체로서 '너'를 상정하고, 그 한 성품으로서 '착함'이라는 것을 인정하는 내용을 담는다. 이 경우 3인칭 형태로 "그는 착하다"라고 하더라도 내용은 동일하다. 이때는 단지 '듣는 이'를 누구로 상정하느냐에 차이가 있을 뿐이다. 이것은 둘 다 '사람'이라고 하는 특정 대상을 놓고 사람으로서의 그의 성품 하나를 지적하는 '대인지식'의 사례다.

다음에 "이것은 무겁다"라는 말을 생각해 보자. 여기서 '이것'은 그 성격 자체로 일단 1인칭 또는 2인칭의 위치에 놓일 수 없는 존재고, 이를 우리는 단순히 물物 혹은 물체物體라고 부른다. 물론 '이것' 안에는 '내 몸' 또는 '네 몸'도 포함될 수 있겠지만, 그러할 경우에도 이것은 어디까지나 나와 너의 주체적 측면이 아닌 신체적 혹은 물질적 측면을 말하는 것뿐이다. 이러한 뜻에서 이 말이 내포하는 지식은 이러

---

16 대상 지식에 대한 이러한 분류는 실제의 인칭 사용법과 차이가 있다. 인칭 사용법은 화자인 주체와의 관계뿐 아니라 그 대화의 당사자가 누구냐에 따라 같은 대상이 2인칭으로도 표기되고 3인칭으로도 표기되지만, 여기서는 단지 대상의 성격만을 놓고 보는 것이므로, 실제 어떤 인칭으로 표기되느냐에 무관하게 2인칭으로 불릴 '자격'을 지닌 것을 모두 둘째 부류에 포함시키고, 그 외의 것들만을 셋째 부류에 넣는다.

한 물적 대상이 가지는 그 어떤 성질을 지칭하는 것으로 보아 '대물지
식'이라 말하는 것이다.

(2) 인간 지식의 역사적 전이 과정

이러한 관심사 그리고 이에 대해 얻어 낸 지식들은 물론 고정된 것
이 아니다. 개인의 경우 거의 백지나 다름없는 상태에서 태어나 여러
가지 경험을 하면서 이러한 지식들을 점차 쌓아 나가게 되며, 마찬가
지로 인류 문명의 경우에도 초기의 단조로운 지식 단계에서 점차 더
세련되고 분화된 지식의 단계로 성장해 나왔을 것임이 분명하다.

이제 지식의 이러한 전이가 역사적 과정을 통해 어떻게 전개되어
왔는지에 대해 조금 더 생각해 보자. 한 개인의 지적 성장 과정에서 제
일 먼저 자신의 관심 영역 안에 정착하는 지식의 형태는 아마도 '대인
지식'일 것이다. 사람을 대하는 경험이야말로 사람이 태어나서 겪는
첫 번째 중요한 경험이다. 사람이 태어나면 일단 부모를 비롯한 주변
사람들의 보살핌에 온전히 자신을 내맡겨야 하며, 이 과정에서 사람
을 구분해 알아보는 것만큼 중요한 것이 없다. 그러므로 적어도 의식
적 차원에서 가장 먼저 형성되는 적극적인 지적 활동은 대인지식의
형태를 띨 것이고, 따라서 유아 시기에 모든 사물을 의인화擬人化해서
파악하려는 경향이 나타나는 것은 극히 자연스런 일이다. 그런데 흥
미로운 점은 인류의 집합적 지성이 성장해 가는 과정에서도 비슷한
경향이 나타난다는 사실이다. 초기의 인류는 종족이나 지역에 불문하

고, 거의 예외 없이 사물을 의인화해서 파악하려는 경향을 보여주며, 이것이 결국 초기 인류가 공통적으로 지녔던 물활론적 자연관 그리고 신화적 세계관으로 이어져 왔다. 그러나 이러한 사고는 곧 한계에 부딪친다. 이러한 사물 이해의 방식으로는 그 대상이 사람에서 동물, 식물, 그리고 돌이나 바위, 산천 등으로 갈수록 점점 더 그 성격을 파악해 내기가 어려워진다. 그리하여 사람이 성장할수록, 그리고 문명이 진행될수록, 대인지식 중심의 이해 방식에서 벗어나 좀 더 적절한 다양한 대안을 찾아 나설 수밖에 없다.

이 점과 관련해, 인류는 실제로 이러한 신화적 세계관을 벗어나면서 구체적으로 어떠한 대안을 마련했는가, 즉 그 후 인류는 어떠한 형태의 지식을 채용해 사물 이해의 틀을 마련해 왔는가 하는 점은 우리가 좀 더 깊이 생각해 보아야 할 흥미로운 과제다. 그러나 이 점에 대해서는 필자가 다른 곳에서 비교적 상세히 논의한 바 있으므로(장회익 2003, 장회익 1998) 여기서는 자세한 논의를 피하기로 하고, 단지 한 가지 흥미로운 사실만을 지적하기로 한다. 즉 서구 문명의 경우와 동아시아 문명의 경우, 바로 이 점에서 크게 서로 대조되는 방향을 취해 왔다는 사실이다.

먼저 서구 문명의 경우를 보면, 모든 지식을 대인지식과 대물지식이라는 두 개의 축으로 정리해 보려는 경향이 나타난다. 대인지식의 형태만으로 설명의 한계에 도달하자 이와는 무관한 독자적인 설명 체계로 대물지식을 상정하고 이를 발전시켜 온 것이다. 이렇게 해서 나타난 학문 체계가 곧 서구의 인문학과 자연과학이라 할 수 있다.[17] 물론 이 두 체계가 서로 간에 어떤 관계를 지니느냐 하는 점에 대해서도 꾸준한 논의가 이어져 왔다. 그 대표적인 것 하나가 이들을 근본적으로 분리시켜 이해하려는 '심신心身 이원론'이다. 인문학과 자연과학의 접합점이 바로 사람 안에 나타나는 마음과 몸인데, 이들을 각각 독자적 실체로 인정하는 이 관점에서는 이 둘 사이의 상호작용을 어떻게 설정하느냐 하는 문제와 관련해 적지 않은 어려움을 겪는다. 이러한 시도와는 반대로 이들을 어느 하나로 통합해 보려는 시도들 또한 그치지 않고 있어 왔다. 그 가운데 '마음'을 중심으로 이 둘을 통합해 보려는 것이 유심론唯心論이며, 반대로 '몸', 곧 물질을 중심으로 통합해 보려는 것이 유물론唯物論이다. 이들 사조는 각각 일정한 범위 안에서 지성계의 관심을 끌기는 하지만, 그 어느 것도 아직 만족스런 단계에 이르렀다고 말하기 어렵다.

이에 비해 동아시아 문명은 상당히 다른 양상을 보여준다. 여기서는 모든 지식을 대인지식과 대물지식의 두 축으로 정리하는 것이 아니라 이 둘을 모두 하위 지식으로 격하시켜 버리고, 오히려 대생지식을 중심으로 이 모두를 통합시키는 경향을 보인다. 즉 대인지식과 대물지식을 어느 정도의 범위에서 인정하기는 하지만 이는 본질적인 앎이 아니라고 하는 전제 아래, 우리가 진실로 알아야 할 참된 앎은 대생

---

17 서구의 인문학은 물론 대인지식뿐 아니라 대생지식에 해당하는 내용도 그 안에 포함하고 있다. 그러나 주된 흐름은 역시 대인지식이 중심이며, 학문으로서의 대생지식은 그 안에서 보조적인 위치에 있는 것으로 보인다.

지식을 심화시킨 그 어떤 포괄적 앎이어야 한다는 생각이다. 우리는 어떤 삶을 어떻게 살아야 할 것인가 하는 것에 관심의 초점을 두어야 하며, 진정 의미 있는 앎이라고 하는 것은 이에 대한 해답을 제시하는 것이어야 한다는 것이다. 그렇게 하기 위해 우리가 갖추어야 할 이해의 틀 또한 우리의 직접적인 경험을 넘어서는 심오한 관념의 체계를 통해 형성되어야 하는 것으로 본다. 음양陰陽과 오행五行, 이理와 기氣, 그리고 도道나 역易 등의 개념이 대체로 이러한 관념 체계에 속하는 것인데, 이들은 모두 일차적인 대인지식이나 대물지식의 형태를 넘어 삶의 문제와 관련한 깊은 의미를 함유하고 있다. 그러나 이러한 접근 또한 나름의 한계를 지닌다. 굳이 인문학과 자연학으로 나누지 않고 이理나 기氣와 같은 개념을 바탕으로 통합된 하나의 서술 체계를 구성하는 것까지는 좋으나, 이러한 방식으로는 예컨대 자연의 정교한 법칙들을 명료하게 서술해 낼 방법이 없어진다. 동아시아 문명이 서구 문명에 비해 여러 면에서 앞서 있었으면서도 끝내 근대적 의미의 자연과학을 창출해 내지 못한 데는 이러한 점이 크게 작용했을 것이다.

(3) 근대 과학의 출현과 학문의 분화와 통합

다시 서구의 학문 세계로 돌아가 보자. 바이츠제커에 따르면, 서구의 학문 세계가 결정적으로 대물지식과 대인지식으로 갈라진 데는 기독교의 초월적인 유일신 사상이 큰 역할을 했다고 한다(바이츠제커 1964). 신의 개념이 무에서 유를 창조해 내는 창조주로 승격되면서 나머지 모든 것은 피조물의 지위로 떨어졌고 신이 제정한 자연법칙의 지배를 받는 물질세계로 낙찰이 되었다는 것이다. 단지 신의 형상을 본받아 만들어졌다고 하는 인간만이 특별한 지위를 허락받아 대인지식의 적용 대상으로 남았다. 이는 결과적으로 인간을 제외한 나머지 모든 것을 대상으로 하는 대물지식의 연구 공간을 크게 열어 준 셈이다. 그렇기는 하나 대부분이 성직자거나 착실한 기독교 신자들이었던 초기 과학자들에게는 이러한 작업에 본격적으로 뛰어들기 위한 별도의 구실이 필요했다. 이른바 '두 권의 책'이란 논지가 그것이다. 하느님은 인간에게 자신의 뜻을 알리기 위해 한 권의 책인 '성서'Book of Scripture만을 주신 것이 아니라, 또 한 권의 책인 '자연의 책'Book of Nature도 마련해 주셨다는 것이다. 갈릴레이는 여기에 한술을 더 떠서 하느님은 자연의 책을 수학이라는 언어로 써 놓으셨다고까지 주장했다.

결국 이 일은 크게 성공해 근대 과학이라는 위업을 이루어 냈다. 그렇다면 이들이 그 안에서 과연 하느님의 뜻을 읽어 냈는가? 이 점과 관련해 우리는 근대 과학과 기독교 사이에 있었던 길고 복잡한 갈등과 화해의 역사를 보게 되는데, 우여곡절 끝에 19세기 말에 이르러서는 과학과 종교가 각각 제 길을 가는 것으로 대략 결판이 나고 말았다. 과학으로서는 이제 더 이상 종교(기독교)의 눈치를 살필 필요가 없어졌으며, 종교로서도 되도록 성가신 과학과의 논쟁에 휘말리지 않는 것이 속 편한 상태가 되었던 것이다. 당연히 초기 과학자들이 애써 내세우던 '두 권의 책' 논지도 뒷전으로 물러났다.[18]

이러한 상황은 과학의 전문화, 그리고 학문의 전문화를 위한 좋은 토양이 되었다. 학자들은 굳이 '두 권의 책'을 읽을 필요가 없으며, 한 권의 책, 그것도 그 책의 작은 한 조각만 읽는 것으로 충분했다. 이들은 이 한 권의 책조차 하나의 언어로 적혀 있는 것이 아니라 수많은 다른 언어로 적혀 있는 것으로 믿으면서 같은 책의 옆 부분을 훔쳐보는 것마저 적절하지 못한 처사로 여기기에 이르렀다. 오로지 한 분야에 몰두해도 부족한 상황에서 이웃 분야까지 기웃거리고 있을 여력이 없다는 이유에서였다.

이러한 가운데서도 갈라진 모든 분야를 하나로 연결해 보자는 시도가 전혀 없었던 것은 아니다. 실제로 학문이 체계화됨에 따라 과거에는 단편적인 지식에 머물렀던 많은 분야들이 특히 물리학을 중심으로 크게 통일되어 나갔다. 그리고 급기야 20세기 초에는 여기에 고무된 일군의 과학철학자들이 이른바 '통일과학'을 시도하기에 이르렀다. 이것은 모든 학문을 좀 더 기초적인 학문으로 환원시켜 나감으로써 모든 학문을 궁극적으로 물리학의 몇몇 원리로 귀착시켜 보자는 것인데, 그 야심적인 시도에도 불구하고 이 원대한 꿈은 별 성과를 내지 못하고 학문적 관심사에서 점점 잊혀져 가고 있다. 이보다는 훨씬 폭이 좁지만 물리학 안에서 끊임없이 논의되고 있는 '대통일 이론'도 이와 맥을 같이하는 일이다. '통일과학'과는 달리 '대통일 이론'은 물리학 안에서 어느 정도 성공을 거두기는 했지만, 학문 전체를 아우르는 이

---

18 이것은 물론 정통 기독교를 중심으로 본 개략적인 이야기다. 개별 신학자들 가운데는 '자연의 책'을 읽어 내려고 애쓴 사람들이 많으며, 그 영향 또한 과소평가해서는 안 된다.

론과는 거리가 먼 한 작은 연구 영역으로 인정을 받을 뿐이다.

이러한 시도와는 별개로 20세기 후반에 이르러서는 다시 인접 학문 사이에서라도 협력을 도모해 보자는 학제적 연구의 필요성이 제기되고 이에 맞추어 몇몇 '간학문적interdisciplinary 분야'가 등장하기는 했으나, 이것 또한 오직 틈새를 메우는 또 하나의 전문 분야로 전락하는 경향을 보이고 있다.

(4) 학문 통합의 논리

이유가 어떠하던 20세기 학자들이 저질러 놓은 가장 큰 잘못은 우리의 학문을 조각조각 내어 그 누구도 전체 그림을 읽어 내기 어려운 상태에 빠뜨린 일이라 할 수 있다. 이제는 '자연의 책'조차 읽으려 하지 않을 뿐 아니라 아예 읽을 수조차 없는 상황에 빠지고 말았다. 학문의 주된 목표는 오직 단편적인 사실 구명과 이를 실리적인 상황에 활용하는 일일 뿐, 하느님이 그 안에 어떤 메시지를 담아 놓았는지 아닌지는 그 누구의 관심사도 아닌 것이 되고 말았다. 대부분의 종교인들은 '한 권의 책'만으로 만족하고 있으며, 이미 전문화된 직업인이 되어 버린 오늘의 과학자들은 굳이 하느님의 말씀을 읽는다는 구실 없이도 충분한 대접과 일자리를 지켜 나가게 된 것이다.

그러나 이것이 과연 바람직한 상황의 전개인가 하는 것은 전혀 다른 문제다. 이것은 오늘의 문명이 과연 이대로 지속될 것인가 하는 점과 깊은 관련을 가지고 있다. '하느님'이라는 개념을 채택하던 안 하던 간에 우리가 이 그림을 제대로 읽어 내지 못할 때 문명의 앞길에 어떤 위험이 닥칠지 알아낼 방법이 없기 때문이다. 과거에는 인간이 기술적인 능력의 한계로 인해 자연에 치명적인 손상을 입힐 수 없었지만 이제는 상황이 크게 달라졌다. 그렇기에 우리가 진정 미래 사회를 이러한 위험 속에 방치할 생각이 아니라면, 조속히 그 어떤 대안을 마련해 내야 한다.

그렇다면 대안은 무엇인가? 결국 한 권이 되던 두 권이 되던 이를 통합 또는 서로 연결해서 읽어 낼 수 있는 책이 되도록 해야 하며, 그 속에서 문명의 향방을 찾을 수 있게 해야 한다. 그렇다면 방법은 있는가? 우리는 우선 크게 다른 두 가지 접근법을 생각해 볼 수 있다. 그 하나는 이미 20세기 초에도 시도된 바가 있는 이른바 '통일과학' 형태의 접근법이다. 이미 앞에서 언급했듯이 이것은 하나의 기본 학문으로부터 모든 다른 학문들을 이끌어 내려는 시도다. 마치 유클리드 기하학에서 모든 명제를 몇 개의 단순한 공리로부터 이끌어 내듯이, 하나의 기초 이론을 통해 모든 것을 설명해 내고자 하는 학문적 이상에 해당하는 것이다. 이러한 학문적 작업은 실제로 많은 성공 사례를 이끌어 왔다. 한때 독자적인 학문으로 인정되어 왔던 광학이나 열역학 등이 지금은 물리학의 기초 이론인 전기자기학이나 통계역학의 한 부분으로 인정받는 것이 그 대표적인 사례이며, 아직 관례적 습성으로 인해 서로 다른 학문으로 여겨지는 화학과 물리학 사이에도 내용적으로는 이미 이러한 통합이 이루어지고 있다. 사실 현재 자연과학으로 분류되는 많은 학문들이 대부분 그 바탕을 물리학과 화학에 두고 있어서 앞으로도 이러한 방향으로의 진전이 크게 기대된다. 그러나 이러한 의미의 학문적 통합은 그 학문이 기초 이론에서 멀어지면 멀어질수록 점점 더 어려워져서, 실제로 이를 통해 모든 학문을 연결해 낸다는 것은 오직 하나의 이상에 머물러 있는 것일 뿐 현실적 가능성은 거의 없다고 해야 할 것이다.

이와는 반대되는 것으로 백과사전식의 통합도 생각해 볼 수 있다. 수세기 전, 서구 지성계에 '백과사전학파'라는 말이 나돌았듯이 이것 또한 한때는 유행했던 사조였고, 지금은 다시 컴퓨터의 등장으로 이를 위한 현실적 여건이 크게 증진되고 있다는 말을 할 수도 있다. 실제로 대형 컴퓨터를 사용해 사이버 공간상에 분류 작업을 잘 해놓은 도서관과 같은 것을 구축하는 일은 그리 어렵지 않을 것이다. 이것은 아마도 누군가가 수행해야 할 일일 것이며, 어쩌면 이미 시도되고 있는 일일는지도 모른다. 그러나 이 작업이 의미 있게 수행되기 위해서라도 학문 전체에 대한 체계적인 정리가 필요하며, 이것은 다시 학문간의 연계에 대한 보다 긴밀한 이론 작업에 바탕을 두지 않을 수 없다. 만일 그렇지 않을 경우 학문의 통합이 아니라 학문의 단순한 나열에 불과다는 말을 듣게 될 것이다.

그러므로 우리가 지향해야 할 학문의 통합이라는 것은 이 두 극단의 그 어느 하나에 치우치지 않으면서 나름대로의 합당성을 지닌 그어떤 새로운 '논리'에 바탕을 두고 이루어져야 한다. 그렇다면 이러한 '논리'는 어디서 찾아볼 수 있을까?

이것을 생각하기 전에, 우리의 지식을 정리하려 할 경우 부딪칠 수

있는 한 가지 중요한 과제, 곧 서술 주체의 문제를 그 구체적인 사례들
과 함께 생각해 보기로 하자.

서술과 서술 주체의 문제

우리의 모든 지식은 일정한 서술 내용에 담기는 것이지만, 그것의 뒤에는 보이던 보이지 않던 반드시 그것을 서술하는 서술 주체가 있기 마련이다. 이것이 언어의 형태를 취할 때는, 언어의 화자話者가 된다. 그리고 우리는 때때로 이 서술 주체의 서술 행위 자체를 다시 서술 내용 속에 담는데, 이렇게 할 때는 이미 잘 알려진 '거짓말쟁이 역설'을 포함해 여러 어려움이 발생한다. 이제 그 몇 가지 사례를 살펴보자.

(1) 크레타의 거짓말쟁이

신약 성서 디도서 1장 12절과 13절에는, 성경을 문자 그대로 진리라고 믿는 사람에게는 다분히 곤혹감을 느끼게 할, 다음과 같은 기록

이 나온다.

> 그레데인 중에 어떤 선지자가 말하되 "그레데인들은 항상 거짓말쟁이며 악한 짐승이며 배만 위하는 게으름쟁이라" 하니, 이 증거가 참이로다.

이 기록은 크레타그레데(Crete) 섬을 잠시 방문했던 사도 바울이 그곳에 남기고 온 선교사 디도Titus에게 보낸 서신 가운데 나타난 한 구절이다. 이 서신은 그곳에 혼자 남아 교회를 지키고 있는 디도를 격려하면서, 겸하여 몇 가지 주의를 당부하는 아주 짧은 글이다.

전체 문맥으로 보아 이상할 것이 전혀 없으나, 그 표현에 대해 굳이 엄격한 형식 논리를 들이댄다면 앞뒤에 모순이 발생한다. 즉 크레타 사람 가운데 한 사람이 말하기를 (모든) 크레타 사람은 항상 거짓말만 하는 거짓말쟁이라 했으니, 만일 그가 말한 내용이 사실이라면 크레타 사람인 그 자신은 거짓말을 안 한 셈이고, 그렇다면 크레타 사람 가운데 거짓말을 안 한 사람도 있으니, 자신의 말을 스스로 부정하는 결과가 된다. 반대로 그 자신이 거짓말을 하고 있으면, (모든) 크레타 사람은 항상 거짓말만 한다는 말 또한 거짓말이 되어, 이 또한 스스로 주장하는 내용을 부정하는 꼴이 된다. 어느 쪽으로 해석을 해도 그의 주장은 말이 되지 않는데, 사도 바울은 그의 "이 증거가 참이로다"라고 말하고 있고, 기독교는 이 글을 성경의 반열에 올려놓았다.

이것이 이른바 '(크레타의) 거짓말쟁이 역설'이다. 우연히도 이것이 크레타의 어떤 사람이 한 말이라고 전해져서, 그리고 다시 성경의 한 구절에까지 인용이 되어 화제가 되고 있지만, 이를 좀 더 줄여서 이야기한다면, 우리 주변에서 쉽게 들을 수 있는, "나는 항상 거짓말만 한다"라는 말의 역설이라 할 수 있다. 이 주장이 참이라면 내가 항상 거짓말만 한다는 주장의 내용과 어긋나는 것이고, 그 내용에 맞게 이 주장 자체 또한 거짓이라면 나는 참말도 한다는 이야기가 되니 본래의 주장과 모순되고 만다. 그 어느 쪽으로 해석하더라도 이는 말이 되지 않는 주장이다.

그렇다면 도대체 이러한 모순은 왜 발생하는가? 이는 서술의 내용 일부가 그 서술 (또는 서술자) 자체에 적용되는 형태를 취할 때 나타난다. 이는 곧 그 어떤 서술이 대상 세계에 대해 의미 있는 내용을 전달하기 위해서는 그 세계 안에 서술자 자신을 함부로 포함시켜서는 안 된다는 사실을 암시하고 있다.[19] 적어도 서술이라고 하는 관점에서 볼 때, 서술 주체와 서술 대상은 그 역할이 구분되며, 따라서 이들을 혼용할 경우에는 거기에 대한 엄격한 제한이 따른다. 물론 우리의 자연 언어 속에는 이러한 구분을 자유롭게 넘나드는 표현들이 있다. 그

---

19 이러한 사실은 언어적 서술에서뿐 아니라 회화(繪畫)에서도 나타난다. 화가가 그림을 그릴 때, 그 그림 속에 화가 자신이 들어가는 일은 없다. 물론 화가에 따라서는 작중 인물 가운데 자신의 모습을 슬쩍 그려 넣는 경우도 없지 않지만〔대표적인 사례로 17세기 에스파냐의 화가 벨라스케스(Diego Velázquez, 1599~1660)는 〈궁중의 소녀들〉(Las Meninas)이라는 작품(마드리드 프라도 박물관 소장) 속에 화판을 들고 있는 자신의 모습을 버젓이 그려 넣었다〕, 이러한 경우에도 화가의 모습은 화가 자신이 본 실제 장면이 아니라 굳이 해석하자면 제3의 작가 눈에 비친 자신의 모습을 묘사한 것으로 간주되어야 한다. 결국 그 어떤 경우에도 눈으로 본 세계의 모습과 그 눈 자체를 함께 그림에 담을 수는 없다.

러나 위의 사례들에서 보았듯이 이러한 구분과 제한에 대해 적절한 주의를 기울이지 않을 경우 불필요한 혼란을 야기하게 된다. 이 점에 관련해 우리는 다음 절에서 좀 더 상세히 논의하기로 한다.

(2) '모든 것의 이론'

이러한 혼란은 과학과 관련한 논의에서도 종종 드러난다. 이제 그 하나의 사례를 생각해 보자. 물리학자들은 흔히 전 우주를 서술하겠다고 나선다. 그들은 이러한 시도에 대해 아예 '모든 것의 이론'Theory of Everything(TOE)이라는 오만한 명칭까지도 부여한다.

그러나 이것 속에 물리학자 자신의 행위가 포함될 때는 의미 있는 서술이 이루어지지 못한다. 물리학에서 의미 있는 서술이라고 하는 것은 이에 기반을 둔 예측 내용이 원리적으로 검증 가능한 것이어야 한다. 그런데 이제 다음과 같은 진술이 형성되었다고 해보자.

"나는 이 진술의 검증 작업을 수행할 것이다."

이 경우, 이 진술은 결코 검증에 의해 부정될 수 없다. 이 진술을 확인하기 위해서는 실제로 검증 작업을 수행해야 하는데, 만일 그렇게 한다면 이 진술은 자동적으로 맞는 결과를 줄 것이며, 만일 검증을 하지 않는다면 검증을 하지 않았으니 검증에 의해 부정될 수 없다. 마찬가지로 "나는 이 진술의 검증 작업을 하지 않을 것이다"라는 진술이 있다고 할 때, 이 진술은 결코 검증에 의해 확인될 수 없다. 만일 검증 작업을 한다면 이미 진술에 어긋나는 것이며, 검증을 하지 않는다면 이것을 확인할 방법이 없기 때문이다.

여기서 보는 바와 같이 과학에서의 서술은 결코 그 안에 서술 주체의 행위를 서술의 일부로 일관되게 담아낼 수 없다. 서술 주체의 서술 행위는 과학 그 자체의 서술 영역이 아닌 메타적 서술 영역에 속하며, 이 두 영역은 서로 다른 층위의 서술 세계를 구성한다. 우리는 당연히 이 두 영역을 넘나드는 논의를 할 수 있지만, 이는 이들 가운데 어느 하나의 서술 논리로 이들 모두를 일관되게 서술할 수는 없는 성격을 가진다.

그럼에도 불구하고 과학의 영역에서 이러한 문제는 오랫동안 감추어져 왔다. 그 이유는, 적어도 양자역학이 대두되기 전까지는 과학의 논의에서 서술 주체가 자신의 모습을 드러낼 필요가 없었기 때문이다. 사실 과학의 작업에서도 서술 주체는 측정이라는 형태로 대상 세계에 대한 관측 자료를 지속적으로 채취해야 하지만, 만일 얻어 낸 관측 자료 자체가 대상 세계의 모습을 직접 나타내는 것이라고 해석한다면 과학에서의 서술은 대상 세계의 모습을 사실대로 보여주는 것일 뿐, 여기에 서술 주체의 작업이 개입한다는 암시를 줄 필요가 전혀 없다. 마치도 다큐멘터리의 카메라처럼 관측자는 그 모습을 감추고 카메라에 찍힌 내용만을 보여주면 되는 것이었다.

그러나 이러한 상황은 양자역학이 대두되면서 크게 바뀌었다. 양자역학에서는 이른바 측정의 내용이 대상 세계의 모습을 있는 그대로 보여준다는 해석을 할 수 없게 된 것이다. 여기서는 어떤 측정을 수행했느냐 하는 사실 자체가 대상의 '상태'를 설정하는 데 결정적인 기여를 하므로, 측정 주체와의 관계를 떠난 대상 세계만을 있는 대로 보여줄 방법은 없어졌다. 다시 말해 양자역학에서는 대상과 주체와의 관계라는 측면과 대상만의 자발적 상태변화라는 두 측면이 함께 고려되어 대상에 관련된 예측 혹은 설명을 시도하는 것이다. 측정을 통해 대상의 현 상태를 결정한다는 것은 대상과 주체 사이의 관계에 해당하며, 결정된 현 상태를 바탕으로 대상의 미래 상태를 결정하는 것은 대상만의 자발적인 변화를 서술하는 것에 해당한다. 전자는 주체의 행위가 포함된 메타적 서술 영역에 속하는 것이며, 후자는 대상만의 행위를 서술하는 동역학적 서술 영역에 속하는 것이다.

(3) 양자역학에서의 측정 문제

양자역학에서는 이 두 영역에 대한 서술이 필수적이며, 이중 어느 하나가 다른 하나로 귀착될 수 없는 성격을 지닌다. 즉 양자역학에서는 서술 주체의 역할이 더 이상 대상에 대한 서술 내용 뒤편으로 숨어버릴 수 없는 상황을 맞이한 것이다. 그럼에도 불구하고 대상과 주체 사이의 관계에 해당하는 이 측정의 과정을 대상 서술의 과정 속으로 환원시키려는 시도가 줄기차게 진행되어 왔으며, 이것이 바로 양자역학에서 '측정 문제'가 발생하는 기본 사유다. 한마디로 양자역학에서의 측정 문제라는 것은 과학의 일차적 서술 영역인 동역학적 서술과 서술 주체의 활동 내용을 포함하는 메타적 서술 영역에 대한 범주적 혼동이 야기하는 지적 혼란이라고 말할 수 있다(장회익 1998a).

이른바 측정 문제 안에서 중심적인 위치를 점유하는 것이 바로 측정 행위인데, 측정 행위라고 하는 것은 대상과 주체 사이의 '교촉'交觸 (transaction)을 통해 대상의 '상태'를 설정하기 위한 정보를 획득하는 행위를 의미한다. 여기서 '교촉'이라 함은 주체와 대상 사이에 발생하는 일종의 접촉으로, 이를 제삼자의 관점에서 보면 동역학적 서술이 가능한 상호작용에 해당하나, 주체의 관점에서는 더 이상 동역학적 서술이 가능하지 않은 특정 효과의 일방적인 수납 과정에 해당한다. 이를 우리는 '동역학적 과정'과 구분해 '정보 획득 과정'이라 부를 수 있다.

그러므로 양자역학에서의 '측정 문제' 안에는 하나의 서술 영역으로 일관되게 서술될 수 없는 측정의 과정을 무리하게 동역학적 서술 영역에 담아내려는 시도 가운데서 야기되는 각종 모순들이 담긴다. 이른바 '양자역학의 해석 문제'에서 그간 많은 학자들이 범해 온 가장 큰 오류가 바로 측정의 과정조차 동역학적 서술 범위에 포함시켜야 한다는 그릇된 관념에 사로잡혀 문제의 본질을 오도해 온 데 있다. 이전의 동역학들에서와는 달리 양자역학에서는 서술 주체의 역할이 명시적으로 떠오르는데, 그럴수록 주체와 대상을 명확히 구분하고 그 각각의 역할을 분명히 해야 함에도 불구하고 오히려 이 둘을 구분해 낼 수 없는 것으로 함께 얼버무려 혼란을 조장해 온 것이 그간의 정황이라 할 수 있다.

그렇다면 동역학에서 주체라고 하는 것은 도대체 무엇을 말함인가?

물리적 세계 안에서 대상과 구분되는 '주체라고 하는 영역'이 따로 존재하는가? 이 점에 관련해 우리는 일단 '인식의 주체'라는 것이 존재함을 인정하고, 이 주체가 설정된 '서술 대상'과 어떻게 관계를 맺는가 하는 점에 논의를 한정시켜 보기로 하자. 이렇게 할 경우 우리는 우선 (물리적) 세계를 '서술 대상'과 이와 정보적 접촉을 지닌 '여타의 부분'으로 나누어 볼 수 있으며, 이때 인식의 주체 안에서 인식 활동을 하고 있는 '물리적 실체'는 이 여타의 부분에 속한다. 즉 (물리적) 세계의 한 부분(주체)이 (물리적) 세계의 다른 한 부분(대상)에 대한 동역학적 서술을 수행하는 것이다. 이를 위해 필수적인 것은 이 대상의 존재만이 아니라 이와 정보적 접촉을 지닐 수 있는 주체의 물리적 존재성이다. 제삼자의 관점에서 이들 사이의 정보적 접촉을 본다면 이는 오직 물리적 상호작용일 수밖에 없을 것이므로 주체로서는 대상과의 상호작용이 가능한 물리적 실체를 자기 쪽에 지니지 않을 수 없다. 이것이 곧 주체의 영역에 속하는 감각 기구 또는 관측 장치들이다. 여기에 감지된 내용들이 바로 정보이며, 이러한 정보들은 주체 내부에서 동역학적 방식이 아닌 정보적 방식으로 전달되고 처리된다. 그러나 이 과정 또한 제삼자의 관점에서 보자면 여전히 물리적 과정의 일부이며, 따라서 동역학적 서술의 대상이 될 수 있다.

(4) 과학에서의 주체 문제

지금까지 우리는 과학 이론을 말하면서도 정작 이 과학 이론을 활용해서 사물에 대한 이해, 예측 및 조정을 해 나갈 인식 주체가 누구인가에 대해서는 아무런 언급을 하지 않았다. 분명히 이러한 과학 이론이라는 것은 허공에 떠 있는 물건이 아니라 누군가가 활용할 수 있으며, 또 그러한 활용이 있을 때에 한해 의미를 지닐 것이 분명하다. 그렇다면 이를 알고 활용할 주인공, 즉 인식의 주체는 누구인가? 대부분의 사람들은 아마도 이러한 인식의 주체에 대해 다음과 같은 암묵적인 전제를 받아들일 것이다. 즉 정상적인 지적 능력을 지닌 사람이라면 누구나 이러한 과학 이론을 받아들이고 활용할 수 있을 것이므로 과학에서의 인식 주체란 바로 정상적인 지적 능력을 지닌 임의의 자연인이라는 생각이다.

사실상 이러한 암묵적 전제는 양자역학이 만들어지기 전까지만 하더라도 아무런 문제를 제기하지 않았다. 그러나 양자역학이 만들어지면서 새로운 문제가 발생하기 시작했다. 양자역학에서는 "대상의 '상태'가 관측과 동시에 이전의 상태를 버리고 새 '상태'로 전환된다"는 것을 하나의 공리로 받아들인다. 그런데 이러한 공리가 의미를 지니기 위해서는 "관측자, 즉 인식 주체가 관측을 한다는 것이 구체적으로 무엇을 의미하는가?" 하는 점이 명백히 규정되어야 한다. 즉 '누가 무엇을 했을 때' 대상의 상태가 바뀌는지를 명백히 해야 하는 것이다. 예를 들어 인식 주체를 하나의 자연인이라고 보았을 때, 그 어떤 관측 장치가 관측을 해서 그 안에 관측 기록을 지니고 있음에도 불구하고 이 자연인이 이를 미처 확인하지 않았다고 해서 관측이 되지 않은 것으로 볼 것인가 하는 문제가 발생한다. 이 경우, 관측 대상의 입장에서는 이미 '관측을 당한 것'이 틀림없는데, 그 어떤 자연인이 이를 확인했느냐 안 했느냐에 따라 '대상의 상태'를 달리 보아야 한다면 이는 대단히 이상한 상황인 것이다. 그리고 만일 관측 장치에 기록된 것만으로 관측이 된 것으로 인정한다면, 분명히 자연인이 아닌 관측 장치까지를 인식 주체로 인정해야 하는 결과가 된다.

여기서 보다시피 현대 과학에서 인식 주체의 문제는 그리 단순하지가 않다. 이러한 상황을 과장해 지성계 일각에서는 심지어 양자역학에서는 인식 주체와 인식 대상 사이의 경계가 없어졌다고 하는 주장까지도 난무하고 있다. 그러나 과학 이론에서 인식 주체와 인식 대상을 혼동하는 것은 막대한 개념상의 혼란을 자초하는 것일 뿐 과학 이론의 바른 활용이나 해석을 위해 아무런 실질적인 도움을 주지 못한다. 현 상황에서 필요한 것은 오히려 과학 이론에 대한 철저한 인식론적 고찰을 통해 그간 미비했던 몇 가지 개념들에 대한 명료한 정비 작업을 하는 것이라 할 수 있다.

여기서 자세한 논의는 생략하고 결론만을 간단히 정리해 보면 다음과 같다. 인식 주체와 인식 대상은 고전역학에서는 물론이고 양자역학에서도 명백히 구분되며, 이때의 인식 주체는 과거에 암묵적으로 받아들여 온 불철저한 개념에 머물 것이 아니라 다음과 같이 새롭게 규정되어야 한다. 즉 과학에서의 인식 주체란 그 어떤 자연인으로 설정할 것이 아니라 '인식 대상을 제외한 여타의 모든 것', 좀 더 구체적으로 인식 대상을 둘러싼 '자연인들과 관측 장치들을 포함한 정보적으로 연결 가능한 그 모든 것'으로 규정되어야 한다. 이는 기왕에 암묵적으로 전제되었던 개별적 인식 주체와 구별해서 정보적으로 연결 가능한 '집합적 주체'라고 말할 수 있다.

그런데 상황을 좀 더 깊이 살펴보면 인식 주체에 대한 이러한 생각은 양자역학의 해석 문제가 떠오르기 전에 이미 우리가 무의식 속에서 전제해 왔던 내용임을 알 수 있다. 과학적 지식의 주체가 누구냐고 묻는다면 우리가 아무리 생각해 보아도 어떤 특정인을 지목하지는 못할 것이다. 결국 과학적 사고를 함께하는 그 어떤 집합적 지성에 생각이 미칠 것이고, 그 안에 인식 주체의 편에서 인식을 기능적으로 돕고 있는 관측 장치들을 함께 포함시킬 것이다. 이러한 점은 다시 과학 활동이라는 것이 그 어떤 개인의 활동이 아니라 인류 지성 안에 암묵적으로 조성되어 가고 있는 그 어떤 집합적 주체의 활동이라는 것을 다시 한번 일깨워 주는 일이기도 하다. 과학은 결국 특정 개인들만이 이해하며 그 어떤 비전秘傳을 통해서만 전해지는 학문이 아니라 기본적 지성을 갖춘 모든 개인에게 함께 이해되고 소통될 수 있는 열린 학문이며, 이러한 것에 동참할 수 있는 모든 존재들이 합쳐 그 주체를 이룬다고 말할 수 있다.

4

앎의 내재적 구조

(1) 세계 지도와 지구의(地球儀) 모형

이제 우리는 이러한 점들을 염두에 두고 우리 앎의 체계를 어떻게 하나로 연결할 수 있는지에 대해 생각해 보자. 언뜻 생각하기에 학문을 하나로 연결해 통합 학문을 이루는 작업은 학문들 사이의 경계 영역만 잘 봉합하면 지금도 가능하며, 또 이미 상당 부분 이루어지고 있다는 생각을 할 수도 있다.[20] 그러나 이러한 연결은 생각처럼 그리 쉬

---

20 이러한 생각은 최근 화제가 되고 있는 에드워드 윌슨의 저서 『통섭』에도 일부 나타나고 있다(윌슨 1999).

운 것이 아니다. 그 이유는 학문의 대상 자체가 매우 복잡한 다차원적 구도를 지닌 것이어서 이를 모두 담아낼 마땅한 그릇을 마련하기가 무척 어렵기 때문이다. 각 분야의 학문들은 그 영역만을 담아낼 훨씬 단순한 그릇들을 사용할 수 있지만 이들을 단순히 평면적으로만 확장시켜서는 그 전체의 형태를 만족스럽게 담아낼 수가 없다.

이러한 사정을 머릿속에 좀 더 쉽게 그려 보기 위해 세계 지도의 제작이 주는 어려움을 한번 생각해 보자. 우리는 그다지 어렵지 않게 우리나라의 지도를 편평한 종이 위에 그려 낼 수 있다. 이렇게 그려 낸 지도를 그 축척에 맞추어 확대하면 실제 우리나라의 생긴 모습에 거의 그대로 들어맞는다. 같은 방식으로 일본 지도도 그릴 수 있고, 영국이나 프랑스, 이탈리아의 지도도 그릴 수 있다. 이들은 모두 그 축척대로 확대하면 그들 나라의 실제 생긴 모습과 매우 잘 일치한다. 그렇다면 세계의 모습도 그렇게 그릴 수 있을까? 언뜻 생각하면 이들 지도 가운데 하나를 사방으로 확장해서 세계 지도를 만들고, 이를 그 축척에 따라 확대하면 세계의 모습이 나오리라 여겨진다. 그러나 그렇게 되지 않는다. 이 지도는 그 중심에서 멀어지면 멀어질수록 더욱 이상하게 일그러져서 지구 반대편 근처는 전혀 담아낼 방법이 없어진다. 사실 우리가 알고 있는 모든 평면 세계 지도는 남극과 북극이 이상하게 확대될 뿐 아니라 지구 반대쪽의 서로 인접해 있는 두 지점이 지도상에는 왼쪽 끝에서 오른쪽 끝으로 가장 멀리 분리되어 나타나서 이를 실제 지형과 일치시킬 방법이 없다. 결국 세계 지도는 그 어떤 노력을 들이더라도 하나의 평면 위에 만족스럽게 그래 낼 수 없고, 오직 구면

球面에 해당하는 지구의地球儀 위에 비로소 적절히 그려 낼 수 있음을 우리는 모두 잘 알고 있다.

학문의 경우가 바로 이와 흡사하다. 각각의 개별 학문들은 나름대로 유효한 대상 서술을 해 주지만 하나의 학문 서술 틀 안에 이 모든 것을 밀어 넣거나 학문들 사이의 경계를 단순히 기계적으로 봉합한다고 해서 전체의 그림이 그려지는 것이 아니다. 세계 지도의 경우 서술 대상이 단순한 2차원 평면 위에 놓인 존재가 아니라 3차원 공간 안에 형성된 한 구면에 해당하는 존재라는 사실을 먼저 확인하고, 여기에 맞는 바탕 소재를 마련해서 작업을 시작해야 하는 것과 마찬가지로, 통합적인 학문을 시도하기 위해서도 우리가 학문적으로 서술하려는 전체 세계가 지닌 다차원적 존재 양상을 먼저 확인하고, 이에 적절한 바탕 소재를 마련하는 일부터 시작해야 할 것이다. 그렇다면 우리가 학문적으로 서술해 나가는 전체 세계는 도대체 어떠한 성격을 지니고 있는가?

(2) 주체-객체 관계에서 보는 앎의 모형

물론 우리의 앎에는 지구의 기하학적 구조에 해당하는 그렇게 간단한 기하학적 구조는 존재하지 않는다. 오히려 앎의 세계에는 이보다도 훨씬 더 복잡한 내재적 구조가 함축되어 있을 수 있다. 이 점을 살피기 위해 우리는 앎의 세계에는 앎의 '대상'뿐 아니라 앎의 '주체'도 함께한다는 사실에 주목할 필요가 있다. 우리는 흔히 앎의 대상 그리고 이에 관련된 앎의 내용만에 관심을 가지지만, 이미 앞 절에서 보았다시피 앎의 과정에서 앎의 주체가 주도적인 역할을 하게 되고 따라서 이것이 누구의 앎인가를 명확히 할 필요가 있다. 더구나 한 주체의 서술 내용 안에 그 주체를 다시 넣을 경우, '거짓말쟁이 역설' 등 몇몇 문제에서 보았다시피 서술 자체에 모순을 일으켜 의미 있는 서술이 되지 못하게 한다. 이는 한 평면 위에 모든 지도를 그려 넣으려 할 때 나타나는 문제점을 연상시키는 일이기도 하다. 그러니까 우리는 주체가 주체 이외의 것을 대상으로 할 때와 그 대상 안에 주체 자신을 포함시킬 때는 그 논의의 장이 달라짐을 인정하면서도, 결국 이 모든 것이 메타적 차원에서는 하나의 앎 속으로 연결되는 하나의 다중적 구조를 생각해 나가야 한다.

이러한 접근을 위한 자연스러운 출발점으로 우리는 '주체와 대상 사이의 관계'에 초점을 맞추고 성격상으로 구분되는 가능한 주체들과 대상들을 살펴본 후, 이들 사이에 몇 가지 가능한 유형이 존재하는지, 그리고 이들 유형들 사이에는 또 어떠한 방식의 연계가 존재해서 전체를 하나의 틀로 연결할 수 있는지를 생각해 볼 수 있다. 우리는 이미 앞에서 주체와 대상 사이의 일차적인 관계를 통해 앎을 크게 세 부류로 나누어 본 일이 있다. 즉 우리는 '나'의 관심사들을 '나의 나와의 관계에 대한 관심사', '나의 너와의 관계에 대한 관심사', '나의 그것과의 관계에 대한 관심사'로 나누고, 이들 모든 지식을 이에 맞추어 세 유형의 지식, 곧 대생지식, 대인지식, 대물지식으로 나누어 생각할 수 있음을 보았다.

그런데 우리가 앞에서 살펴보았듯이 우리가 생각하는 주체, 곧 '나'라는 존재는 작은 의미의 '나'에 머물지 않고 공동체(가족, 국가, 민족, 언어 및 학문 공동체)로의 나, 곧 '우리'로 확대되고, 다시 온생명으로의 나, 곧 '온우리'로까지 나아간다. 그리고 이러한 성격은 의식 주체로의 '나'만이 아니라 인식 주체로의 '나'에게도 해당하는 일이다. 예를 들어 앞에 소개한 물리학의 동역학적 서술에 나타나는 인식 주체(서술 주체)는 이러한 분류에 따를 경우, 인식 주체로서의 '온우리'에 가장 가깝게 해당하는 것임을 알 수 있다. 그리고 과학 문장에서 일찍부터 관행적으로 사용되어 온 '우리'라는 표현 또한 단순한 형식상의 주어거나 또는 어떤 특정 공동체 단위로의 '우리'가 아니라 더 광범위한 인식 주체로의 우리, 곧 '온우리'에 해당하는 것이었음을 알 수 있다.

이와 함께 우리는 객체, 곧 서술 대상으로서의 '나'와 '너'에 대해서도 이러한 확대를 시도할 수 있다. 특히 '너'의 경우에는 역시 가장 작은 너, 곧 개인으로서의 '너'와 함께 공동체로서의 너, 곧 ('우리'에 대비되는) '너희'라는 개념을 설정할 수 있다. 단, '너'의 경우 '온우리'에 해당하는, 예를 들어 '온너희'라는 개념을 별도로 설정할 필요는 없다. 이것은 이미 '온우리' 개념과 일치하기 때문이다. 모든 형태의 '나'와 모든 형태의 '너'가 최종적으로는 '온우리' 개념으로 수렴된다.[21]

다음에 객체로서의 '그것' 또한 더 다양한 내용을 지닐 것이지만, 이는 이미 우리가 알고 있는 모든 물리적 대상이 여기에 포함되는 것으로 이해하면 되므로 특별한 문제가 없다. 다시 말해 우리가 알고 있는 모든 물리적 대상들은 원칙적으로 하나의 정합 가능한 이론의 틀 안에 포섭될 수 있는 성격을 지니므로 이를 굳이 세분해서 혼란을 조장할 필요는 없다. 이에 반해 우리의 정신적 산물인 예술 작품이라든가 학문 이론과 같은 것들을 어디에 포함시킬 것이냐 하는 점에 대해서는 좀 더 깊은 고려가 필요하다. 이들은 '나'와 '너' 그리고 물리적 대상인 '그것'이 아닌 별도의 범주로 생각할 수도 있고, 이들을 의식의 산물이라는 점에서 우리 정신 활동의 일부로 보아 '나', '우리' 혹은 '온우리' 영역에 포함시킬 수도 있다. 여기서는 단지 번거로움을 피하기 위해 후자의 입장을 취하면서, 그 작품이나 이론이 어떤 범위에서 통용되느냐에 따라 '나', '우리', '온우리' 가운데 어느 하나에 속하는 것으로 보기로 한다.

주체와 객체의 내역을 이렇게 규정하면서, 우리는 모든 종류의 앎을 〈B/A〉, 곧 '주체 A에 알려진 객체 B에 관한 앎'이라는 형태로 표현해 볼 수 있다. 이렇게 우리가 세 형태의 주체, 곧 '나'·'우리'·'온우리'와 여섯 형태의 객체, 곧 '나'·'우리'·'온우리'·'너'·'너희'·'그것'을 인정한다면, 다음의 표에서 보는 바와 같이 전부 18가지 유형의 앎이 형성됨을 알 수 있다.

---

21 우주 안에 다른 온생명이 또 있어서 그들과의 관계를 생각할 때는 이야기가 달라질 수 있다. 그러나 현재에는 그러한 존재까지 상정할 필요가 없다.

객체＼주체	나	우리	온우리
나	〈나/나〉	〈나/우리〉	〈나/온우리〉
우리	〈우리/나〉	〈우리/우리〉	〈우리/온우리〉
온우리	〈온우리/나〉	〈온우리/우리〉	〈온우리/온우리〉
너	〈너/나〉	〈너/우리〉	〈너/온우리〉
너희	〈너희/나〉	〈너희/우리〉	〈너희/온우리〉
그것	〈그것/나〉	〈그것/우리〉	〈그것/온우리〉

여기서, 위의 세 줄, 곧 객체로서의 '나'·'우리'·'온우리'에 해당하는 지식이 대생지식에 해당하는 것이며, 다음 두 줄, 곧 '너'·'너희'에 해당하는 지식이 대인지식에 해당하고, 마지막 한 줄, 곧 '그것'에 해당하는 지식이 대물지식이다. 실제로는 '우리'에 해당하는 내용들이 다양하므로 거기에 따라 훨씬 더 상세한 분류도 가능하겠지만, 편의상 여기서는 이 18가지로 한정하기로 한다.

이렇게 분류된 지식의 형태들은 기본적으로 지식의 단위 또는 요소에 해당한다. 그러므로 실제 활용에서는 이들 사이의 다양한 결합과 전이 등이 나타난다. 먼저 결합의 사례를 생각해 보자. 우리는 많은 경우 각각의 대상들에 대해서뿐 아니라 이들 사이의 관계에 대해 관심을 가진다. 예를 들어 내가 가진 '너'에 대한 앎과 내가 가진 '나'에 대한 앎뿐 아니라, 내가 가진 '너와 나의 관계'에 대한 앎이 요청되기도 한다. 이러한 앎, 즉 〈(너+나)/나〉 형태의 앎은 현실적으로 〈너/나〉와

〈나/나〉 형태의 앎으로부터 논리적으로 도출되는 것은 아니지만, 우리는 편의상 이것을 별도의 앎으로 분류하지 않고 이 두 앎의 결합 속에 포함되는 것으로 '규정'하기로 한다. 즉 〈너/나〉+〈나/나〉로 표현되는 '두 앎의 결합'이라고 하는 것은 이 안에 〈(너+나)/나〉 형태의 앎을 담고 있는 것으로 보자는 것이다. 이는 〈(너+나)/나〉를 별개의 것으로 볼 때 너무도 많은 독자적인 앎의 유형이 나타날 것이기 때문이기도 하지만, '너+나'를 떼어 내어 별도의 '우리'를 형성할 특별한 필요가 발생하지 않는 한, 〈너/나〉+〈나/나〉 ≧ 〈(너+나)/나〉의 관계가 성립하도록 '두 앎의 결합', 곧 〈너/나〉+〈나/나〉의 의미를 규정하는 것이 앎의 성격상 별 무리가 없으리라 보기 때문이다. 이렇게 할 경우 위에 제시한 18가지 앎의 요소들은 모든 앎을 이들로 환원시키는 것이 아니면서도, 거의 모든 앎을 이들과 그리고 이들 사이의 결합을 통해 포괄할 수 있다는 이점을 지닌다.

다음에 이들 단위 요소들 사이의 전이를 생각해 보자. 지금 내가 새로운 생물 종을 하나 발견했다고 할 때, 이것은 일단 〈그것/나〉 형태의 대물지식, 즉 내게 알려진 새 생물 종에 관한 앎이 된다. 그러나 나는 곧 학회에 이를 발표할 것이고, 이것이 해당 학회에서 인정받는 지식이 되면, 이는 다시 〈그것/우리〉 형태의 지식, 즉 우리 학회에 알려진 지식으로 된다. 그리고 다시 국내외에 공개되어 가능한 모든 이들이 공개적으로 이를 검토하고 확인할 단계에 이르면, 이것이 최종적으로 〈그것/온우리〉 형태의 지식으로 될 것이다. 이는 곧 전체로서의 인류(온생명)가 공유하는 공개된 지식이 되는 것이다. 반대로 이러한 발견에 대해 새로 알게 되는 동료 과학자의 입장에서는 이미 알려진 〈그것/우리〉 형태, 혹은 〈그것/온우리〉 형태의 지식에서 이 내용을 '학습'함으로써 〈그것/나〉 형태의 지식을 취하고 이를 자기 것으로 간직할 수 있다.

여기서 보는 바와 같이 지식 형태 사이의 이러한 전이는 주체간의 소통, 즉 정보 전달의 과정을 통해 이루어지며, 그 매체로는 주로 언어가 사용된다. 이러한 주체들은 많은 경우 언어를 공유할 뿐 아니라 서로 간의 말을 알아들을 만큼의 '앎의 틀'을 공유함으로써 이러한 일을 가능하게 만든다. 한편 언어를 통한 주체들 사이의 이러한 전이와는 대조적으로 처음의 발견 과정에는 대상과 주체 사이에 앎의 소재가 전달될 그 어떤 직접적인 접촉이 이루어져야 한다. 즉 인식 주체는 칸트가 말하는 '감성'을 통해 대상에 관한 그 무엇을 앎의 소재 형태로 받아들여야 한다. 대물지식의 경우 대상이 직접 내게 말을 해올 수가 없으므로 이것이 언어의 형태로 전해질 수는 없지만, 여전히 주체는 주체대로 이것을 알아볼 특별한 형태의 앎의 틀을 자신 안에 내장하고 있어야 한다.

앎의 취득과 전달을 위해 요구되는 대상과 주체, 그리고 주체와 주체 사이의 이러한 접촉을 우리가 '교촉'交觸이라 부르기로 한다면, 대체로 대생지식과 대인지식 그리고 대물지식의 가장 큰 차이는 그 대상과의 사이에 나타나는 이러한 교촉 방식에서 온다.[22] 대물지식의 경우 반드시 대상으로부터 주체로 감각을 통한 물리적 신호가 전달되고, 주체는 이를 알아보고 의미 있는 앎의 자리에 이를 수용할 틀을 갖추고 있어야 함에 비해, 대생지식은 기본적으로 내적 성찰에 의해 마련되는 나 자신에 대한 지식이므로, 대물지식에서의 교촉에 해당하는 이런 명시적 과정을 밟지는 않는다. 그렇기는 하나 여기서도 자신의 내면세계에 대한 직접적인 통찰과 외부세계를 거친 간접적인 방식을 통해 앎의 소재를 끊임없이 수집하고 정리하게 된다. 반면 대인지식의 경우에는 대상의 내부를 직접 들여다볼 수 없어서, (자신의 내적 경험을 준거로 해서) 대상이 전해 주는 말이나 기타 외적 행위들을 바탕으로 그의 내적 상황을 유추하게 된다. 이 경우에는 시각을 통해서든 청각을 통해서든 그에 대한 어떤 정보를 얻어 내기는 해야 하지만, 많은 경우 언어를 활용할 수 있다는 점에서 대물지식에 나타나는 직접적 교촉과는 성격을 달리한다.

이러한 분류와 관련해 우리가 특히 염두에 두어야 할 것은 대물지식과 대생지식 사이의 관계에 관한 사항이다. 이는 기본적으로 물질의 양면성, 즉 물리적 서술 대상인 외적 측면과 주체적 의식 내용인 내적 측면 사이의 관계에 해당하는 것이다. 이들 두 측면은 분명히 상호 배타적으로 나타나는 것인 만큼 이들 두 지식의 영역은 각각 독자적인 체계 아래 구성됨이 당연하다. 그러나 이와 동시에 이들은 사실 하나의 실재가 나타내는 두 측면에 해당하므로 이에 따른 제약 또한 함

---

22 '교촉'이라는 용어는 양자역학에서의 측정 문제에 관련해 처음 도입되었으나, 이 개념을 측정 문제 일반에 확대해서 사용해도 무난하리라 생각한다. 양자역학의 측정 문제에 관련해 '교촉'이라는 용어를 도입한 문헌으로는 장회익(2004)을 참고할 것.

께 받는다. 그러니까 그 어느 한쪽도 대응하는 상대방이 원칙적으로 허용하는 범위를 넘어설 수는 없다. 이러한 사실은 양측 학문 형성에 제약인 동시에 도움이기도 하다. 예를 들어 우리가 어떤 존재인가를 알기 위해서는 대물지식의 도움이 매우 크지만, 동시에 학문 그 자체의 성격은 대생지식의 영역에 속하는 것이므로 대물지식, 예컨대 물리학을 구상하는 과정에서 이를 적극 활용해 도움을 받을 수 있을 것이다. 이와 함께 대인지식의 경우에는 이들 두 형태의 지식이 제공해주는 많은 내용들을 공유 혹은 활용하는 성격을 지닌다. 예를 들어 인성에 관한 내용은 대생지식이 제공하는 자기 성찰의 결과와 대물지식이 제공하는 신경생리학의 내용을 폭넓게 수용해서 마련할 수 있다.

지금부터 우리는 주체와 객체의 성격에 따라 이렇게 분류된 앎의 단위 체계를, (다른 더 좋은 명칭이 마련될 때까지) 편의상 앎의 '주체-객체 모형'이라 부르기로 한다. 그렇다면 이러한 모형 체계 안에서는, 예를 들어 주체와 객체 사이의 관계에서 빚어지는 여러 문제점이 어떻게 해명될 수 있는가? 양자역학에 나타나는 교촉의 문제에 대해서는 이미 논의했으므로 여기서는 '거짓말쟁이 역설'에 대해서만 생각해 보자. 이 문제는 "나는 항상 거짓말만 한다"는 주장이 내포하고 있는 문제점을 말하는 것인데, 이 서술은 우리의 분류 방식에 따르면 일단 〈나/나〉 형태의 지식(진술)으로 해석된다. 그런데 이 경우 이 진술은 분명히 자기 부정의 형태를 취하므로, 이것은 논리적으로 허용의 여지가 없다. 그러나 같은 주장을, 예컨대 〈나/우리〉나 〈나/온우리〉 형태의 진술로 보면 이야기가 달라진다. 그는 설혹 개인으로서의 자신은 거짓말만 하더라도 공동 주체인 우리 입장에 서면 그렇지 않을 수 있기 때문이다. 예컨대 공동체 앞에서 참회하는 형태로 이러한 발언을 할 수 있는 것이다. 마찬가지로 그는 온우리의 입장에서 자신을 반성해 가며, 이러한 말을 속으로 뇌까릴 수도 있다. 결국 우리의 일상 언어 안에서 다소 혼란을 가져오면서도 이러한 진술이 허용되는 것은 거의 의식하지 못하는 가운데 주체의 이러한 다양성을 수용하기 때문이라 할 수 있다. 여기서 보는 바와 같이 앎에 대한 우리의 새 모형 안에서는 이러한 모호성을 제거하고 우리 지식의 성격을 훨씬 분명하게 할 수가 있다.

(3) 인문학, 사회과학, 자연과학

이제 이러한 사고의 틀을 바탕으로 기존의 학문 체계, 특히 인문학과 사회과학 그리고 자연과학 등이 이 안에서 차지하는 위치를 살펴보자. 위에 제시한 앎의 체계는 기존에 설정된 이러한 학문 체계들의 연장선에서 마련된 것이 아니다. 이것은 어디까지나 앎이 지닐 수 있는 가능한 모든 유형을 주체와 객체 그리고 이들 사이의 관계라는 하나의 독자적인 기준에 따라 정리해 본 것일 뿐, 이러한 학문 체계들과는 원칙적으로 관련이 없다. 지도의 경우와 비교해 말한다면, 이것은 이미 알려진 국가들이나 대륙들을 연결해서 그려 낸 지도가 아니라 이들의 위치를 나타낼 날줄과 씨줄을 설정해 주는 것에 해당한다. 그러니까 이 안에서 아시아 대륙이 어디에 놓이고 아메리카 대륙이 어디에 놓이는지, 그리고 아프리카 대륙의 위치는 어디인지는 이제부터 살펴 나가야 할 과제에 해당한다. 즉 우리는 이 앎의 체계 안에서 인문학이 어디에 놓이고 사회과학이 어디에 놓이는지, 그리고 자연과학이 어디에 위치하는지를 이제부터 살펴 나가야 하는 것이다.

여기서 먼저 한 가지 염두에 두어야 할 점은 학문, 곧 인문학, 사회과학, 자연과학의 내용은 위에 분류한 앎의 영역을 직접 일컫는 것이 아니라는 사실이다. 물론 이러한 앎을 포함하기도 하지만 많은 경우 이들에 대한 메타적 작업, 곧 '앎에 대한 앎'에 해당하는 것을 지칭한다. 다시 말해 위에서 〈B/A〉 형태로 표현된 앎의 내용들이 직접 어떤 학문을 이루는 것이 아니라, 이들을 어떤 형태로 다시 정리해 내는 작업, 그리고 그렇게 얻어진 성과에 대해 우리가 '학'이라는 명칭을 부여하게 된다는 것이다. 그리고 이러한 메타적 작업은 암암리에 그 주체로서 '온우리'를 전제한다. 물론 앎에 대한 앎 또한 앎의 한 종류에 속하므로 이것 또한 최종적으로는 〈B/A〉의 형태로 표현될 수 있겠지만, 위에 제시한 모든 형태의 〈B/A〉가 그 자체로서 학문을 이루는 것은 아님을 분명히 해야 한다.

이러한 점들을 전제로 해서 우리가 지금까지 학문이라 지칭해 온 인문학, 사회과학, 자연과학 등의 성격과 위상을 규정하기 위해서는 각 학문이 차지하는 내용을 그것이 나타내는 1차 관심사와 2차 관심사로 나누어 봄이 유용하다. 예를 들어 인문학의 경우, 1차 관심사는 '나'와 '너'(그리고 이들 사이의 관계)고, 2차 관심사는 '우리', '너희', '온우리' 등이라 할 수 있다. 이럴 경우 우리는 인문학이라는 것을 온우리의 입장에서 1차 관심사인 '나'와 '너'에 관련된 내용들을 2차 관심사인 '우리', '너희', 그리고 '온우리' 등을 배경으로 살펴 나가는 작업이라 할 수 있다. 이에 비해 사회과학의 경우에는 그 1차 관심사가 '우리'와 '너희' (그리고 이들 사이의 관계)에 있고, '나'와 '너' 그리고 '온우리' 등은 이를 보조하는 2차적 관심사로 밀려난다. 그러므로 사회과학이라는 것은 1차 관심사를 '우리'와 '너희' (그리고 이들 사이의 관계)에 두고, 이를 2차 관심사인 '나'와 '너' 그리고 '온우리' 등에 대한 고려를 바탕으로 살펴 나가는 작업이라 규정함이 적절하다. 이들에 비해 자연과학은 훨씬 더 단순하다. 이것은 1차 관심사를 '그것'에 두면서 2차 관심사로 보편적 앎의 주체인 '온우리'를 택해, '온우리'인 우리가 자연에 대해 어떻게 앎을 이루어 나가는가를 주로 살피는 활동이라 말할 수 있다.

　이미 앞에서도 언급한 바와 같이 우리가 관례적으로 학문이라 불러온 활동이 지향하는 앎의 내용은 '온우리'가 주체가 되는 앎, 곧 〈/온우리〉 형태의 앎이다. 그러나 여타 형태의 앎을 포함하는 앎의 〈대상/주체〉 모형을 우리가 진지하게 고려해야 하는 이유는 〈/온우리〉 형태를 제외한 모든 앎, 즉 〈/나〉·〈/너〉·〈/우리〉·〈/너희〉 형태의 앎들이 (그 자체로서 학문 내용을 구성하는 것은 아니지만) 실제로 학문적 논의의 소재로서 결정적인 중요성을 지니기 때문이다. 결국 우리가 지니고 있는 현실적 앎은 불가피하게 이들의 형태를 띠기 때문에 이러한 앎들과 학문이 지향하는 이상적 형태의 앎, (즉 〈/온우리〉 형태의 앎) 사이의 관계에 주의를 기울여야 한다는 것이다. 특히 인문학의 소재인 〈/나〉, 〈/너〉 형태의 앎과 사회과학의 소재인 〈/우리〉, 〈/너희〉 형태의 앎들은 거의 환원 불가능에 가까운 성격을 지니고 있어서, 이들을 바탕으로 학문을 형성해 나가는 작업이 만만치 않은 과제로 떠오른다.[23] 예컨대 자연과학의 경우 〈/나〉 ↔ 〈/우리〉 ↔ 〈/온우리〉 형태의 전이가 동일 차원의 지식에서 비교적 순조롭게 이루어질 수 있음에 반해, 인문학이나 사회과학에서는 많은 경우 '메타적 전이' 이외의 방식으로 이러한 것을 이루어 내기가 무척 어렵다. 여기서 '메타적 전이'라 함은 예를 들어 〈/너희〉 형태의 앎을 〈/온우리〉 형태의 앎으로 전환함에 있어서 불가피하게 《〈/너희〉/온우리〉 즉 "〈'너희'가 그렇게 알고 있음〉을 '온우리'가 안다"고 하는 형태의 앎을 주로 활용하는 논의를 의미한다.

사실 개인 단위의 삶의 영역에서나 공동체 단위의 삶의 영역에서 앎의 주체에 따른 이러한 차이는 현실적으로 매우 중요한 문제들을 야기하는 것이 사실이지만, 아직 이를 해소할 마땅한 방안을 마련하지 못하고 있는 것이 오늘의 실정이다. 그리고 이 문제를 어렵게 하는 한 가지 부가적인 요인은 거의 모든 앎의 주체가 자신의 앎이 마치도 객관적인 앎, 곧 '온우리'를 주체로 하는 앎에 도달한 것으로 쉽게 착각한다는 점이다. 따라서 여기서 제시하는 〈B/A〉 형태의 앎의 모형은

---

23 우리는 앞에서 〈/너〉, 〈/너희〉 형태의 앎을 독자적 앎의 부류로 취급하지 않았다. 원칙적으로 이들은 '나' (또는 '우리', '온우리')가 아는 '너'에 대한 앎, '너희'에 대한 앎의 일부로 여겨질 수밖에 없다. '너' 또는 '너희'가 무엇을 안다고 하는 것은 주체의 입장에서 볼 때, '너' 또는 '너희'에 관련된 사실에 해당하는 것이기 때문이다.

그 주체의 정체를 명시적으로 표현케 함으로써 적어도 이러한 착각에 빠지지 않도록 주의를 환기시킨다. 말하자면 앎의 '실명제'를 실시함으로써 주체의 성격에 의존하는 이러한 면모를 노출시키고, 여기서 차이가 발생할 경우 주체 자체에 대한 검토를 통해 이를 풀어내야 한다는 방법론적 동기를 부여하는 것이다.

　이러한 문제와 관련해 최근 필자가 제안한 '사고의 상대성원리'가 하나의 도움을 줄 수도 있으리라 생각한다(장회익 2009). 이는 물리학에 적용된 아인슈타인의 상대성원리를 일반적 사고에 확대 적용하는 것인데, 물리학에서 흔히 활용하는 좌표변환의 법칙을 활용해서 입장의 차이를 지닌 두 관측자 사이의 관계를 연결하는 객관적인 방식을 찾아내고, 이를 통해 각자가 관측한 내용 및 적용하는 법칙이 과연 서로 일치하는가를 확인하자는 것이다. 잘 알려진 바와 같이 이러한 사고는 물리학에서 4차원 시간·공간 개념을 구상하게 하고, 이를 바탕으로 상대성이론이라고 하는 놀라운 이론을 이루어 내는 데 크게 기여를 했다. 따라서 같은 방식을 우리의 사고 일반에 적용함으로써 앎의 주체가 지니는 자기 폐쇄성을 객관적으로 검증하고, 이를 넘어설 수 있는 계기를 마련하는 데 도움을 얻을 수도 있을 것이다. 말하자면 〈/우리〉, 〈/너희〉 형태의 앎들이 가져오는 갈등 양상을 상대성원리를 거치게 해서 〈/온우리〉 형태의 앎으로 전환할 한 계기로 삼자는 것이다.

(4) 통합적 지식은 가능한가?

그렇다면 우리는 과연 이것을 놓고 지식을 담아낼 지구의에 해당하는 한 모형을 얻었다고 할 것인가? 아무래도 이것이 그처럼 간결하고 정확한 모형이라 말하기는 어려울 것이다. 그러나 이것은 적어도 우리가 생각할 수 있는 모든 형태의 지식을 주체-객체의 성격에 따라 배치했을 뿐 아니라 그에 맞는 방식에 따라 획득 및 검증의 방식을 채택할 수 있게 한다는 점에서, 그리고 이러한 지식들의 상호 전환 및 결합을 활용해 지식의 다양한 기능을 보여줄 수 있다는 점에서 의미 있는 기여를 할 수 있으리라 기대한다.

특히 이 모형은 앞으로 우리가 통합적 지식을 얻어 나가는 데 도움을 줄 한 가지 중요한 장점을 가지고 있다. 우리의 모형은 모든 형태의 대상에 대해 〈/온우리〉 형태의 지식을 제공하며, 또 대상으로서의 온우리에 대해 〈온우리/〉 형태의 지식, 곧 〈온우리/나〉, 〈온우리/우리〉, 〈온우리/온우리〉를 허용하고 있다. 이는 곧 우리가 인식 주체인 온우리에 대한 지속적 탐구를 수행하는 동시에 이를 다시 〈/온우리〉 내의 온우리 속에 투입함으로써 인식 주체의 인식 기반을 체계적으로 향상시켜 나가는 데 기여할 체계적인 요건을 보여주는 것이다. 특히 우리는 〈온우리/온우리〉 형태의 지식을 통해 사물에 대한 통합적 이해 및 인식 능력을 부단히 향상시키면서, 이를 모든 대상에 대한 인식, 곧 〈/온우리〉 내의 온우리에 투입시켜 인식 활동 자체를 통합적으로 증진시킨다는 것이다. 말하자면 주체와 대상에 대한 변증법적 향상을 기하는 구조를 지녔다는 이야기다. 예를 들어 〈온우리/온우리〉 형태의 메타이론적 고찰을 통해 메타이론적 바탕을 강화한 후, 이를 〈물질, 생명, 의식/온우리〉 형태의 대물지식에 투여해 그 이해를 심화시키고, 이렇게 얻어진 내용을 다시 〈온우리(물질, 생명, 의식)/온우리〉 형태의 대생지식에 투입함으로써, 삶의 의미와 방향을 탐색하는 일에 이러한 이해가 제공할 도움을 기할 수가 있다.

이는 분명히 하나의 지식을 바탕에 놓고 모든 지식을 그리로 향해 환원시키려 한다든가, 모든 지식을 단순히 백과사전식으로 나열해 놓는 것과는 커다란 차이를 가진다. 여기서는 학문과 학문 사이의 관계를 직접 연계시키려는 것이 아니라 이들 학문의 저변에 놓인 앎의 요소, 곧 주체-객체 사이의 관계를 통해 앎의 보다 본질적인 차원에서 서로 간의 관계 맺음에 이르도록 유도하는 구조를 가진다. 말하자면 현상적 지식에 머물지 않고 근원으로 한 단계 내려가서 서로 관계를 맺은 후 다시 올라오는 방식을 취하는 셈이다. 그렇기에 모든 지식들 사이에 그 본질적인 차이를 유지하면서도 서로 간에 맺어지는 최대한의 연계를 찾아내게 된다.

마지막으로 이 앎의 모형은 근본적으로 삶의 본질적 양상 자체에 바탕을 둔다는 특징을 지닌다. 삶의 본질적 양상인 주체와 객체의 관계를 그 바탕에 두고 이루어졌다는 점에서 지금까지 주로 객체만을 대상으로 고려해 온 여타의 학문 체계와 차이를 지닌다. 그러나 여기서 채용한 삶의 양상 자체가 또 하나의 잠정적 지식에 해당하는 것인 만큼 그 자체로서 완전한 것일 수 없고, 따라서 이에 바탕을 둔 앎의 모형 또한 불완전한 것일 수밖에 없다. 그렇기는 하지만 이러한 과정을 거쳐 얻어진 앎을 통해 삶의 양상 그 자체를 좀 더 분명히 밝히고, 이렇게 밝혀진 삶의 양상을 통해 앎의 모형 자체를 개선해 나간다면 최소한 나선형의 순환을 통한 진전을 기대해 볼 수 있을 것이다. 이는 분명히 앎 자체만을 단선적으로 추구해 온 기존의 방식에 비해 일정한 이점이 있을 것임에 틀림이 없다.

이러한 점들을 고려할 때 앎의 이 모형은 통합적 지식에 한 걸음 다가서기 위한 방법론적 디딤돌을 제공한다고 볼 수 있으며, 이는 아직 지구의까지 되기는 어렵겠지만 미지의 세계를 탐색하기 위한 하나의 나침반 구실은 하지 않을까 하는 생각이 든다.

5

다시 칸트를 생각하자

(1) 칸트의 『순수이성비판』은 어떤 지식인가?

이러한 관점에서 우리는 칸트의 『순수이성비판』이 과연 어떠한 형태의 지식이었는지를 다시 한번 생각해 볼 수 있다. 칸트의 이 책은 한마디로 〈온우리/온우리〉 대생지식의 한 전형이라고 말할 수 있다. 지금 우리의 관점에서 볼 때, 인식 주체로서의 칸트가 온우리의 관점에서 인식 주체로서의 온우리(인간)가 지닌 인식의 바탕에 대해 자성적인 방식으로 이루어 낸 작업이 바로 그의 『순수이성비판』이기 때문이다. 이 작업이 의도했던 것은 온우리의 이러한 인식 주체가 과연 확고한 앎의 바탕을 가지고 있는지, 가진다면 그 바탕이란 어떤 것인지에 대해 결정적인 해답을 얻어 내려는 것이었다.

그러니까 적어도 칸트의 의도대로였다면 앞에 제시한 모든 지식의 형태와 내용이 이 바탕을 기점으로 그 정당성을 인정받는 상황에 이르렀을 것이다. 그러나 우리가 앞에서 보았지만 상황은 칸트의 의도대로 진행되지 않았다. 칸트의 이 이론이 인류 지성사에서 어떤 위치를 점유할지는 아직 더 두고 판단할 일이겠지만, 적어도 그가 본래 목표했던 자연과학의 기초를 밝히고 그를 통해 당시 자연과학적 지식의 정당성을 입증하려던 시도는 이후 전개된 역사적 과정과 크게 다른 것이었다.

　그렇기는 해도 지금 다시 살펴볼 때 그의 시도가 전혀 무의미한 것은 아니었다. 그의 이론에 바른 의미를 부여하기 위해서는 그가 제시했던 주요 개념들을 지금 우리의 시각에서 새롭게 해석할 필요가 있다. 즉 그가 말하는 이성은 탈역사적 보편성을 지니는 것이 아니라 바로 칸트 당시 온우리의 지적 능력 안에 갖추어져 있던 이성을 의미하며, 또 그가 말한 감성과 지성에 관한 구체적인 내용들도 당시 온우리의 입장에서 생각할 수 있었던 최고의 메타이론에 해당하는 것이었다는 점을 인정하자는 것이다. 그렇게 할 경우, 그의 이론은 현대 물리학을 비롯해 그 후에 전개된 지식의 발전에 기여할 여지를 충분히 지니고 있었다. 예를 들어 대물지식(더 넓게는 대인지식도 포함)을 마련하는 과정에 필수적인 '교촉'의 성격이라든가, 공간과 시간의 표상이 우리가 만들어 낸 것으로서 이에 따라 우리가 사물을 공간·시간 안에 배치할 능력을 가진다는 점, 그리고 우리의 지성이 12개의 범주를 포함한 각종 개념 형성 과정에 참여하고 결국 이를 인과의 틀 속에서 살피게 함으로써 미래 상태에 대한 합법칙적 예측 가능성을 낳는다고 하는 점 등은 모두 의미 있는 과학 이론 형성을 위한 중요한 바탕을 제공할 수 있는 것들이었다.

요약하자면, 칸트의 이론은 의식적 차원에서 앎의 틀을 만들어 가기 위한 '절대적' 기초가 아니라 '상대적' 기초가 될 수 있었으며 이러한 면에서 다른 여러 학문을 뒷받침할 성격의 것이었지만, 칸트 자신의 생각과는 달리 이 기초 자체는 그 어떤 절대적 근거를 가진 것이 아니라 다른 여러 학문의 뒷받침을 받아 마련될 수밖에 없는 순환적 성격을 가지는 것이었다고 할 수 있다.

(2) 선순환의 고리를 위해

이 책의 논의에서 우리는 앎에서 출발해 앎으로 끝나는 긴 여정을 거쳐 왔다. 우리는 현대 과학이 인정하는 앎을 일단 수용했고, 이 앎은 그 안에서 물질과 생명 그리고 그 일부인 인간의 모습을 보여주었다. 그리고 다시 이렇게 이해된 생명 안에서 주체가 출현하고 이 주체가 다시 앎이라는 것을 이루어 냈음을 말해 주고 있다. 즉 우리가 인정했던 그 앎이 결국 자신의 내용을 통해 앎 그 자체가 나온 경위를 스스로 밝히는 것이다. 그렇다면 이 앎을 뒷받침하는 그 무엇이 따로 있는가? 그렇지는 않다. 그러한 것이 있다면 그것은 오직 앎 그 자체일 뿐이다. 말하자면 앎을 인정하면 앎이 인정되고, 앎이 인정되면 다시 앎을 인정하게 되는 무한한 순환 논리에 우리는 빠져 있는 것이다.

칸트는 말하자면 이러한 순환 논리 속에서 감히 이 순환의 한 고리를 깨고 이것을 형이상학이라고 하는 한 절대의 바탕 위에 세워 보려고 했던 지성계의 돈키호테였다고 말할 수 있다. 그러나 선험적 종합 판단이라 불렸던 그의 형이상학적 토대는 맥없이 허공으로 뽑혀 올라가, 그것 또한 다른 모든 것과 순환적으로 맞물려 있는 순환의 한 '마디'였음을 드러내고 말았다. 그러나 이것이 순환의 한마디였든 앎의 절대적 기반이었든 앎의 바탕을 이루는 이 부분을 확고히 한다는 것은 앎의 건강한 성장을 위해 매우 중요한 것임에 틀림없다. 그러니까 지금 우리는 칸트 이후 깊어진 우리의 사물 이해 방식을 동원해 칸트의 이 작업을 새롭게 수행할 필요가 있다. 단지 이것이 절대적인 것이 아니라 상대적인 것이며, 항구적인 것이 아니라 잠정적인 것임을 인정해, 순환을 통해 얻어진 내용물들을 이 안에 다시 새롭게 채워 넣어야 할 것이다. 그렇게 함으로써 앎의 새로운 바탕이 마련될 것이고, 그렇게 마련된 앎은 다시 긴 순환의 과정을 거쳐 앎의 이 바탕 문제로 되돌아와 다시 더욱 단단한 바탕을 마련할 것이다.

말하자면 우리는 운명적인 순환의 과정 속에 놓여 있지만, 이것은 단순히 같은 것만을 되풀이하는 공순환空循環이 아니라 앎의 체계와 내용을 더욱 단단하고 풍요롭게 만들어 나가는 선순환善循環이라는 데 의의가 있다. 단지 그 순환의 고리들 가운데 기초에 해당하는 이 부분은 말하자면 땅에 묻혀 있어서 그동안 잘 보이지 않았던 셈인데, 우리는 이 부분을 다시 찾아내어 그 매듭을 곱게 이어 주어야 한다. 이것이 바로 칸트가 남긴 작업이며, 우리가 또 이어 가야 할 작업이다.

참고문헌

1장

· Kant, Immanuel, *Kritik der reinen Vernunft*, Felix Meiner Verlag, Hamburg, 1956.
· 칸트 인용문은 주로 칸트의 『순수이성비판』 개정판에서 취했고, 관례를 따라 'B' 다음에 그 쪽수를 표시했다. 문장은 백종현(2006)의 번역문을 거의 그대로 사용했으나 몇몇 곳에 약간의 수정을 가했다.
· Kuhn(1970), T. S., *The Structure of Scientific Revolutions*, Chicago, University of Chicago Press, 1970.
· Wood(2005), Allan, *Kant*, Blackwell, 2005.

· 백종현(2006), 『순수이성비판』, 아카넷, 2006.
· 장회익(1990), 『과학과 메타과학』 제5장, 지식산업사, 1990.
· 장회익(1998), 「인식 주체와 과학의 인식적 구조」, 『과학철학』 1권 1호, 1998.

2장

· Boltzmann, L. (1886), *The second law of the mechanical theory of heat*.
· Capra, Fritjof (1996), *The Web of Life*, Harper Collins, 1996. 〔『생명의 그물』, 김용정·김동광 옮김, 범양사출판부, 1998.〕
· Darwin, Erasmus (1794), *Zoonomia, or the Laws of Organic Life*.
· Gallini, L. (1995), "How Does the Teilhardian Vision of Evolution Compare with Contemporary Theories?", *Zygon: Journal of Religion and Science* 30 (March), 25~45쪽.
· Lovelock, J. E. (1979), *Gaia: A New Look at Life on Earth*, Oxford: Oxford University Press.
· Lovelock, J. E. (1988), *The Ages of Gaia: A Biography of Our Living Earth*, London: W.

W. Norton.

· Margulis, Lynn and Sagan, Dorion (1995), *What is Life*, Simon & Schuster, New York. 〔『생명이란 무엇인가』, 황현숙 옮김, 지호, 1999.〕

· Maturana, H. R. and Varela, F. J. (1980), *Autopoiesis and Cognition*, Reidel, Dordrecht.

· Maturana, H. R. and Varela, F. J. (1998), *The Tree of Knowledge*, Shambhala, Boston.

· Rosen, R. (1991), *Life Itself: A Comprehensive Inquiry into the Nature, Origin and Fabrication of Life*, Columbia University Press.

· Schrödinger, Erwin (1944), *What is Life*, Cambridge University Press, Cambridge.

· Teilhard de Chardin, P. L. (1956), "The Antiquity and World Expansion of Human Culture", In *Man's Role in Changing the Face of the Earth*, ed. William Thomas Jr. Chicago: University of Chicago Press. (Gallini 1995에 인용됨.)

· Teilhard de Chardin, P. L. (1964), *The Future of Man*, Trans. Norman Denny, New York: Harper & Low.

· Wallace, R. A., Sanders, G. P. and Ferl, R. J. (1991), *Biology: The Science of Life*, Harper Collins.

· 장회익(1988a), "The Units of Life: Gloabl and Individual", delivered at the Philosophy of Science Conference, Dubrovnik, Yugoslavia, April, 1988.

· 장회익(1988b), 「생명의 단위에 대한 존재론적 고찰」, 『철학연구』 제23집, 89~105쪽.

· 장회익(1989), "Humanity in the World of Life", *Zygon: Journal of Religion and Science* 24 (December), 447~456쪽.

· 장회익(1990), 『과학과 메타과학』, 지식산업사.

· 장회익(1992), 「가이아 이론: 그 과학성과 신화성」, 『과학사상』 제4호, 140~157쪽.

· 장회익(1998b), 『삶과 온생명』, 솔출판사.

3장

· Crick, Francis (1994), *The Astonishing Hypothesis: The Scientific Search for the Soul*, Simon & Schuster, London.
· Jonas, Hans (1966), *The Phenomenon of Life: Toward a Philosophical Biology*, Harper & Row, New York.
· Penrose, Roger (2000), Introduction in E. Schrödinger, *What is life?*, The Folio Society, London.
· Schrödinger, E. (1944), *What is life?*, Cambridge University Press, 92~96쪽.
· Whitaker, Andrew (1996), *Einstein, Bohr and the Quantum Dilemma*, Cambridge University Press.
· 장회익(2004), 「자연의 법칙성과 주체 문제」, 『과학과 철학』 15, 117~140쪽.

4장

· 바이츠제커(C. F. von Weizsäcker)(1964), 『과학의 한계: 창조와 우주 생성, 두 개념의 역사』, 송병옥 옮김, 민음사, 1968.
· 윌슨(Edward Wilson)(1999), 『통섭: 지식의 대통합』(*Consilience- The Unity of Knowledge*, Vintage Books), 최재천·장대익 옮김, 사이언스북스, 2005.
· 장회익(1998a), 「인식 주체와 과학의 인식적 구조」, 『과학철학』 제1권 제1호, 1~33쪽.
· 장회익(1998b), 『삶과 온생명: 새 과학 문화의 모색』 제1장, 솔출판사.
· 장회익(2003), 「동서양 학문의 인식 구도적 특성: 지식 연원적 관점에서의 비교 고찰」, 장회익 외, 『삶, 반성, 인문학: 인문학의 인식론적 구조』, 태학사, 25~62쪽.
· 장회익(2004), 「자연의 법칙성과 주체 문제」, 『과학과 철학』 제15집.
· 장회익(2009), 「사고의 상대성원리」, 『본질과현상』 15, 본질과현상사, 18~30쪽.

찾아보기

장희익